教育部语言文字信息管理司组编

《通用规范汉字表》解读

王 宁 主编

李宇明 王铁琨 审订

商务印书馆
创于1897 The Commercial Press

组　编　教育部语言文字信息管理司
主　编　王　宁
编　者　王立军　王晓明　卜师霞　凌丽君
审　订　李宇明　王铁琨

目　录

1. 总论

1.1《通用规范汉字表》对"规范汉字"的界定

"规范汉字"是指经过系统整理、由国家发布、通行于中国大陆现代社会一般应用领域的标准汉字。我们可从三个方面理解这个具有法律意义的名词:

首先,《通用规范汉字表》收入的规范汉字主要适用于中国大陆。但是,《通用规范汉字表》既然由中华人民共和国发布,而中国是汉字的祖国,又是使用汉语汉字人口最多的主权国家,其他非汉语国家与中国交流,要把汉语作为第二语言来学习,也就需要遵循中国大陆的汉字规范。联合国正式文件使用汉字时只能使用中国大陆的规范汉字。

其次,规范汉字是面向现代社会应用领域的。2000 年 10 月颁布的《中华人民共和国国家通用语言文字法》(以下简称《国家通用语言文字法》)第九至十一条规定,国家机关以普通话和规范汉字为公务用语用字。学校及其他教育机构以普通话和规范汉字为基本的教育教学用语用字,并通过汉语文课程教授普通话和规范汉字。使用的汉语文教材,应当符合国家通用语言文字的规范和标准。汉语文出版物应当符合国家通用语言文字的规范和标准。第十四条又规定广播、电影、电视用字,公共场所的设施用字,招牌、广告用字，企业事业组织名称用字，以及在境内销售的商品的包装、说明用字，都应当以国家通用语言文字为基本的用语用字。《国家通用语言文字法》还规定了有六种情况可以采用繁体字和异体字：文物古迹；姓氏中的异体字；书法、篆刻等艺术作品；题词和招牌的手书字；出版、教学、研究中需要使用的；经国务院有关部门批准的特殊情况。这些规定就是对规范汉字适用范围的诠释。在信息社会，《通用规范汉字表》只要对公务、基础教育和服务所用的计算机字符集加以规范，就可以从印刷领域保证社会用字的规范。

再次，《通用规范汉字表》所收的字仅仅是通用字。汉字不是越多越好，古往今来汉字的字样已经多到十几万，国际编码ISO－10646字符集都已经达到将近8万字，但是，真正有用的字种是有限的。《通用规范汉字表》就是要对这些有用的字加以收集整理。

1.2 《通用规范汉字表》研制的意义和必要性

1.2.1 《通用规范汉字表》研制的意义

汉字是中华民族智慧和文明的结晶，是中华文化的重要载体和鲜明标志。汉字规范对促进经济社会发展、增进民族间和地区间交流、维护民族团结和国家统一、传承和弘扬中华文化方面等发挥着重要作用，是关系国家经济、教育、文化事业和信息化发展的基础性工作。《通用规范汉字表》是落实《国家通用语言文字法》、满足信息时代汉字应用需要的重大规范，是汉语母语教育、少数民族地区双语教育和汉字国际标准化急需的基础规范。研制发布《通用规范汉字表》，有利于国家信息化建设和教育、文化、科技的发展，有利于汉字国际标准化和汉语国际传播，是利国便民、增强国家软实力的重要工程。

1.2.2《通用规范汉字表》研制的必要性

(1)信息时代语言生活发展的迫切需求。新中国成立后，在党中央和国务院的直接领导下，国家有关部门开展汉字规范工作，陆续发布了多项重要的汉字规范，对社会用字起到了重要的规范作用，推动了我国教育、文化和科技事业的发展。改革开放以来，我国经济社会快速发展，语言生活发生了巨大变化：一是基础教育和文化普及常用字比过去相对集中；二是社会用字量有所扩大，科技用字和文言文用字不断进入日常生活；三是信息化发展日新月异，新闻出版、广播影视、交通通信、金融保险、医疗卫生、户籍管理等行业对汉字规范化提出了新需求。激光照排技术的普遍应用，使计算机字库成为影响印刷出版与信息传播发展的重要因素；户籍、邮政、金融等行业信息存储和检索的数字化，使姓氏人名、地名等用字直接关系到相关行业的信息系统建设和政府的社会管理。研制《通用规范汉字表》，是适应经济社会发展，满足各领域汉字应用需要的大事，关涉国计民生。

(2)汉字规范发展的需要。我国现行的汉字规范是20世纪50年代以来陆续制定的，主要有《第一批异体字整理表》(文化部、中国文字改革委员会1955年12月22日发布)、《简化字总表》(经国务院批准，国家语言文字工作委员会1986年10月10日重新发表)、《现代汉语常用字表》(国家语言文字工作委员会、国家教育委员会1988年1月26日发布)、《现代汉语通用字表》(国家语言文字工作委员会、新闻出版署1988年3月25日发布)等。这些字表发布的时间距今久远，且因研制的指导思想、技术手段、面对的社会用字状况不同，存在一些疏漏和相互矛盾之处，不能很好地适应现实应用的需要。在整合现行汉字规范的基础上研制《通用规范汉字表》，提高汉字规范的科学性和实用性，已成为汉字规范发展的必然要求。

（3）推进依法行政和建设和谐语言环境的需要。2000年10月颁布的《国家通用语言文字法》第三条规定：“国家推广普通话，推行规范汉字。”但该法的落实缺乏“规范汉字”的具体标准。研制《通用规范汉字表》，是推进依法行政，提升政府公共服务与管理水平，建设规范用字环境的迫切需要，是落实《国家通用语言文字法》的重要举措。

1.3《通用规范汉字表》研制的过程

《通用规范汉字表》初名《规范汉字表》。2001年4月，教育部、国家语委在广泛听取社会意见的基础上，启动了《规范汉字表》研制工作。字表研制项目是国家语委语言文字应用研究“十五”重大项目，先后列入教育部2003年度和2006年度工作要点。

字表研制经过四个阶段，其中前三个阶段使用的名称为《规范汉字表》，第四个阶段定名为《通用规范汉字表》。

第一阶段（2001年4月至2004年10月），《规范汉字表》研制课题组工作阶段。课题组组长张书岩，先后参加研制的人员有厉兵、费锦昌、陈双新、史定国、魏励、王晓明、王敏。课题组的主要工作是：梳理总结50余年来汉字规范工作情况，设定《规范汉字表》研制的目标与原则；提出《规范汉字表》对若干重大问题的处理草案,并广泛听取海内外意见;向有关单位征集用字资料,完成基础材料准备和字表初稿草拟等基础研究工作。

第二阶段(2004 年 10 月至 2006 年 6 月),《规范汉字表》专家工作组介入课题研制阶段。工作组组长王宁,成员有程荣、费锦昌、郭小武、黄德宽、李运富、厉兵、石定果、宋永培、王立军、杨宝忠、张书岩、张万彬、张涌泉。专家工作组协助课题组,对重大汉字规范问题进行学术探讨与决策,对基础语料和基本数据进行甄别,在确定了字表的分级与收字原则后,初步拟订了字表草案。

第三阶段(2006 年 6 月至 2009 年 7 月),《规范汉字表(送审稿)》专家委员会工作阶段。专家委员会主任曹先擢,副主任王宁,成员有董琨、傅永和、黄德宽、裘锡圭、苏培成、张万彬、张涌泉。专家委员会下设研制工作组,主要工作人员有王宁、王立军、王晓明、凌丽君、卜师霞。专家委员会及其工作组对涉及的重大问题进行再论证,形成《规范汉字表》有关重大问题的处理方案,重新整理了三级字表,并对所有收字逐字复核,讨论确定字表的字形和字表草稿。在此过程中,曾多次征求语言文字学界和教育、科技、民政、公安、测绘、新闻出版、广播电视、信息处理、辞书编纂等重要用字领域专家学者的意见,并向国家语委委员单位及国家语委咨询委员会、国家语委科研规划领导小组、国家语委语言文字规范标准审定委员会等机构广泛征求意见,形成了字表送审稿。

2007 年 4 月和 8 月,《规范汉字表(送审稿)》分别经专家委员会和研制领导小组审议通过。2007 年 9 月 30 日,教育部党组专门研究了《规范汉字表》的有关工作。之后,教育部语言文字信息管理司根据教育部党组指示,组织召开座谈会,分别向语言文字学界、信息处理学界、基础教育界和国家语委委员单位征求意见。各界代表对字表送审稿给予充分肯定，同时也提出了一些意见。专家委员会及工作组根据有关意见对字表进行了修改。2008年3月，根据国务院办公厅秘书三局的意见，教育部办公厅向国家语委委员单位去函书面征求意见。国家民委、民政部、人力资源和社会保障部、信息产业部、文化部、国家广播电影电视总局、国家工商总局、国家质检总局、新闻出版总署、解放军总政治部、中国科学院、中国社会科学院、共青团中央、中华全国总工会、全国妇联等15个委员单位均复函同意发布《规范汉字表》，信息产业部、国家质检总局、中国社会科学院、中国科学院还对字表的制定及实施提出了一些意见和建议。2008年12月，根据国务院办公厅秘书三局的意见，教育部办公厅向公安部、国家测绘局书面征求了意见。专家委员会及工作组根据有关意见和建议对字表进一步作了修改。

第四阶段（2009年7月至2011年2月），字表面向社会公开征求意见和修改完善阶段。2009年7月至8月，根据国务院办公厅的意见，向社会公开征求意见。7月成立了公开征求意见工作领导小组，组长由教育部副部长、时任国家语委主任郝平担任，副组长由国家语委副主任、教育部语言文字信息管理司司长李宇明和国家语委副主任、教育部语言文字应用管理司司长王登峰担任，成员有孙霄兵（教育部政策法规司司长）、朱慕菊（教育部基础教育二司巡视员）、姚喜双（教育部语言文字应用研究所所长）、康宁（中国教育电视台台长）、王旭明（语文出版社社长）、续梅（教育部办公厅副主任兼新闻办主任）、徐孝民（教育部财务司副司长）、王定华（教育部基础教育一司副司长）、张强（教育部民族教育司副司长）、刘贵芹（教育部思想政治工作司副司长）、张东刚（教育部社会科学司副司长）、王铁琨（教育部语言文字信息管理司副司长）、张世平（教育部语言文字应用管理司副司长）、徐永吉（教育部国际司副巡视员）、陈志伟（中国教育报刊社副总编）。领导小组下设办公室，由李宇明兼任办公室主任。办公室下设综合组、材料组、意见收集组、宣传组、会议组、海外联络组 6 个工作组。征求意见采取“先内部座谈后面向全社会”的方式进行。7 月 14 日至 17 日，在京连续召开四个座谈会，分别听取全国人大和全国政协、汉字应用主要领域（汉字教学、辞书编纂、出版印刷、信息处理等）、相关学术团体和高等院校、新闻媒体和文化界等方面的意见。之后，根据座谈会意见将字表改以《通用规范汉字表》的名称向社会征求意见。8 月 12 日至 31 日，教育部、国家语委在教育部门户网站、《中国教育报》发布公告，通过电子邮件、信函、传真等渠道向社会公开征求意见。其间收到意见 2912 件，征求意见时间截止后又收到意见 229 件，总计 3141 件。其中包括地方语委、海外使领馆教育组、专业学会（协会）通过多种形式征集的集体意见 35 份。领导小组办公室对社会意见进行了分类整理，建立数据库并汇编成册。字表专家委员会按照“认真对待，综合分析，实事求是，慎重处理”的原则，通过整理研究、调研咨询、文献核查、专题研讨、宣传解释等方式，对社会意见和建议进行学术攻关和协调，形成字表修改方案，依据方案修改完善字表，2011 年 2 月完成字表定稿工作。根据社会意见，将字表名称确定为《通用规范汉字表》，并对字表体例、收字和字量以及繁体字和异体字的处理等进行了微调。

字表研制和完善过程中，先后召开大型学术会、专题研讨会、征求意见会、鉴定会、审议会 120 余次，海内外专家、学者 4000 多人次参与讨论，字表先后修改 90 余稿。国家民委、公安部、民政部、工业和信息化部、文化部、国家广播电影电视总局、新闻出版总署、国家宗教事务局、中国社会科学院、国家测绘局、国家中医药管理局、解放军总参谋部测绘局、国家标准化管理委员会、全国科技名词审定委员会等部门提供了诸多资料并提出了宝贵的意见和建议。教育部语言文字应用研究所、北京师范大学、北京语言大学、民政部地名研究所、国家测绘局地名研究所、中国文物研究所、国家图书馆、故宫博物院、人民教育出版社、语文出版社、商务印书馆、中华书局等单位也给予了积极支持与配合。

1.4《通用规范汉字表》研制的原则

《通用规范汉字表》的研制工作遵循如下六条原则：

(1)尊重传统，注重汉字规范的稳定性。按照国务院1986年批转国家语委关于“汉字的形体在一个时期内保持相对稳定”的基本精神，充分照顾与原有汉字规范的衔接，在一些重大问题的处理上维护现行汉字系统的基本稳定。

(2)尊重历史，注重汉字规范的继承性。对已有汉字规范进行梳理、研究，并在对社会用字情况进行详细调查和认真分析的基础上进行修订和完善。凡需改动之处，都充分考虑历史形成的全民习惯和社会的可接受程度，参照“约定俗成”的原则审慎处理。

(3)尊重国情和经济社会发展实际需求，注重汉字规范的时代性。根据信息时代汉字应用的实际需求，对以往的规范进行整合优化，消除相互之间存在的一些矛盾和不统一问题，修正疏漏，并作重要补充和发展，体现汉字规范的时代需求和时代特色。

(4)尊重民意，注重汉字规范的社会性和服务性。通过发布公告和座谈会等方式，“问计于民、问道于贤”，广泛听取海内外意见。

对社会意见和建议认真研究,充分吸收。

(5)遵循汉字发展的客观规律,注重汉字规范的科学性。主要体现在:遵循汉字自身特点和应用规律,运用语料库技术等现代化手段,科学论证、科学定量、合理分级;本着严谨求实、一丝不苟的态度,分析利用相关数据,充分吸收社会相关研究成果与实践经验,提高汉字规范的科学性。

(6)考虑港澳台地区、海外华人的汉字应用和国际需求,注重文化多样性和汉字的国际性。考虑海峡两岸和港澳地区以及海外华人汉字使用的实际情况,兼顾汉字使用的国际需求,尽量避免扩大不同地区、不同国家之间汉字使用的差异。

1.5《通用规范汉字表》的总体特点

《通用规范汉字表》是在50年来发布的诸多规范基础上,根据当代社会用字的状况和信息时代的需要研制的,比之过去的汉字规范,该字表有以下特点:

(1)整合多个规范,调适内部矛盾。新中国成立以来,国家十分重视语言文字工作,在汉字整理与规范方面做了很多工作,相继发布了多种字表,对社会用字起到了重要的规范作用。但由于这些字表是在不同时期、针对不同情况、出于不同目的制定的,相互之间缺乏照应,内中时有相互矛盾之处;加之多种字表各自独立,非常零散,不便于使用。《通用规范汉字表》对以往的汉字规范进行了全面整合,集众多字表于一表之中,调适了各规范之间相互矛盾的地方,用一个字表覆盖了以前多种字表的功能,非常便于使用。

(2)照顾不同需求,科学划分等级。以前的汉字规范是在文化教育大普及时代制定的，更多考虑普及层面对汉字的需求。《通用规范汉字表》在半个世纪以后的今天制定，必须充分考虑社会各阶层对汉字需求的差异。因此，在字量和选字上，将所收字划分为三个等级。一级字表主要满足基础教育和文化普及的基本用字需要；二级字表和一级字表一起主要满足出版印刷、辞书编纂和信息处理等方面的一般用字需要；三级字表主要满足信息化时代与大众生活密切相关的专门领域的用字需要。这样分级，提高了《通用规范汉字表》的实用性，增强了国家规范的亲和力，更有利于构建和谐的语文生活。

（3）预测信息储备需要，增加特殊领域用字。 随着社会的发展，社会用字量逐渐增多，一些特殊领域的用字与人们的日常生活越来越密切，成为现代信息储备和信息传递所必不可少的用字。《通用规范汉字表》在公安部、民政部、科技名词委员会等相关部门的支持下，特别采集了常用的姓氏人名用字，乡镇以上地名用字，与人民生活有关的科技用字，教材印刷需要的文言用字，尽量解决身份证、户籍卡、病历卡等证件制作的缺字现象；满足医药、营养、气象、环境、建筑等已经进入千家万户的科学门类的专业用字需要。今后，大众传媒用字的准确程度，通过网络传递信息的信度与速度，都会有进一步的改善。

（4）促进海峡两岸信息互通，分解简繁对应关系。 目前，港澳台与大陆在汉字使用方面还存在简化字和繁体字的差异，在计算机简繁自动转换时很容易造成误差，两岸的书面语互相交流也容易产生误解。为了适应两岸书面语交流的需要，《通用规范汉字表》在附表中对简化字和繁体字的对应关系进行了分解，方便了繁转简与简转繁双向运作，有利于港澳台与大陆之间的信息互通与文化交流。

2. 分级与收字

2.1《通用规范汉字表》的分级

2.1.1 分级的必要性

作为国家规范，字表面对的适用对象是全国各阶层的使用者，各阶层的文化水平不同，交际范围不同，行业需求不同，对汉字的使用要求也必然会有差异。而且，汉字本身的使用频率存在着很大的差别，通用的程度不一样。因此，字表只有对所收字进行合理的分级，才能反映汉字的实际使用状况，照顾不同领域与部门的需求差异，从而提高《通用规范汉字表》的实用性。

2.1.2 各级字表的作用

《通用规范汉字表》收字 8105 个，分为三级。不同级别的汉字，通行度不同，其作用也有明显区别。一级字表共收 3500 字，是使用频度最高的常用字集，主要满足基础教育和文化普及层面的用字需要。二级字表共收 3000 字，使用频度低于一级字；一、二级字表的 6500 字，其作用相当于原《现代汉语通用字表》。三级字表共收 1605 字，是姓氏人名、地名、科学技术术语和中小学语文教材文言文用字中未进入一、二级字表，但在特定领域中较为通用的字，主要照顾社会大众对专门领域的用字需求。

2.2 一、二级字表的收字

2.2.1 语料基础

《现代汉语常用字表》和《现代汉语通用字表》都是1988年发布的，依据14个不带使用频度的静态字表和6个带有使用频度的动态字表进行二度统计。此次制定《通用规范汉字表》，主要的依据是使用度和通行度。现代信息技术为通过语料库考察汉字使用度和保证其通行度提供了科学的手段。理想的语料库应具备三个条件：(1)有足够的语料规模；(2)语料有足够的年代跨度；(3)不同领域语料均衡。在对众多语料库考察的基础上，语料库选择及其选择的原因如下：

选定国家语委现代汉语平衡语料库作为基础语料库。该语料库是在海量语料基础上随机抽样而成，全库约9100万字符，其中1911—1997年的语料约7000万字符，1998—2002年的语料约2100万字符。不仅时间上覆盖了从现代白话文通行以来近一个世纪的语料，而且内容上覆盖了55个学科，包括人文社会科学的学科33个、自然科学的学科16个、综合学科6个。语料来源既有报刊，又有各类文学艺术作品、大中小学教材、科普读物、通俗读物、学术专著等，还有广告和说明书等各种应用文体资料。具体分布如下页图。

语料库的规模和多方面的平衡性能够基本保证字频统计符合现代汉字使用的实际情况，在较大程度上保证了字频和覆盖率统计数据的可信度。

为确保语料库统计数据的全面与有效，又选择和建立了三个

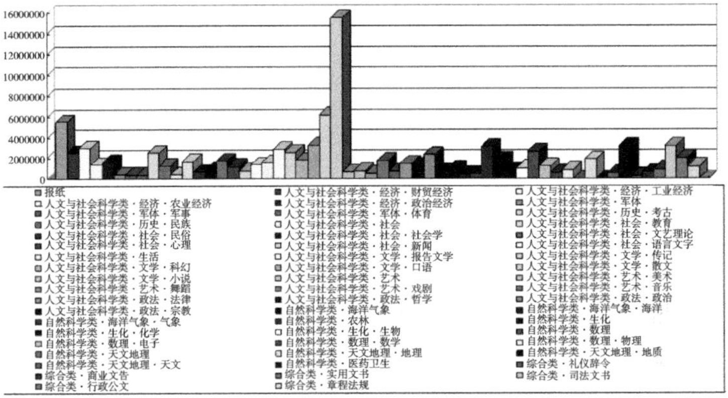

辅助语料库：

（1）现代新闻媒体动态流通语料库。北京语言大学汉字应用研究所建立。收录2001—2002年全国15种通行度较高的报刊的全部语料，共3.5亿字符。该语料库收字规模庞大，提高了对核查数据统计的有效性。语料按月划分时间，具有动态特点，最大程度地减少了因社会突发事件造成的字频跳跃现象对统计的影响。

（2）教育科普综合语料库。《规范汉字表》研制课题组建立。收录1951—2003年的中小学通用教材及科普读物语料，共518万字符。语料均在普及层面，具有面向义务教育与社会大众的特性，能够对通用字特别是其中的常用字进行有效核查和补足。

（3）儿童文学语料库。《通用规范汉字表》专家委员会工作组建立。收录1949—2007年适合义务教育第一、二学段阅读的儿童文学的语料，共570万字符。能够对在一般语料中字频偏低的儿童口语用字进行有效核查和补足。

2.2.2 定量方法

一、二级字表的定量依据的是“汉字效用递减率”这一重要原理。频率是汉字的字用属性，个体字符的使用频率不是平均分布的，随着频率的下降，汉字使用的覆盖率呈递减趋势。汉字频率降到一定程度，使用覆盖率基本不再上升。因此，掌握以下数据，就可以大致统计出常用汉字的数量。这些数据是：(1)从一定通用语料中测查出的汉字使用频率降次排列表；(2)每个频次段落的语料中所含不重复的汉字数的递增量；(3)每个频次段落中覆盖率的增长数。

汉字字集的累积覆盖率的增长低于某一较小的阈值，就达到了较稳定的状态。寻找这个稳定状态下的统计数据的做法是，在语料库字频统计的基础上，以频度降序排列的用字量为横坐标、以相应汉字集的累积覆盖率为纵坐标形成曲线，寻找曲线上的最小稳定点，也就是用字量每增加 500 字，覆盖率的增长率首次低于所给定阈值时的点。

在基础语料库中，具体确定了覆盖率达到 99.9%而首次低于所给定增长率的阈值为 0.01%时的点为最小稳定点(如下页图所示)。

处于最小稳定点前面的汉字字量，应当是一般社会应用层面的通用汉字字量。以基础语料库为主，辅以现代新闻媒体动态流通语料库、教育科普综合语料库中最小稳定点前的字合并去重，共得 6698 字。为避免个别语料库选材的片面性，将其中只在一种语料库出现的字删除，余下 6544 字，再除去繁体字、异体字与非字部首，得到的字量为 6495 字。为使字表便于记忆，将通用字的字量定为 6500 字。

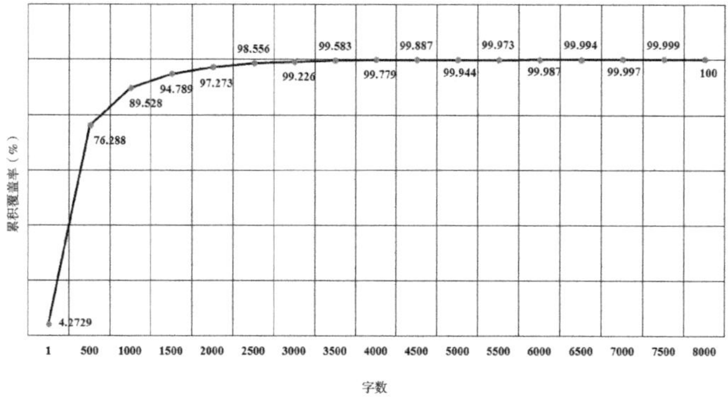

汉字覆盖率示意图

按照上述原理和操作程序，在基础语料库中寻找到覆盖率为99.5%、增长率首次低于的阈值为0.2%的点，为覆盖率急剧下降的临界点。处于该点前的字量应当是基本通用字，亦即常用字的字量。将三个语料库在这个范围的字合并去重，得到的字量为3327字。考虑到在一般通用字范围内常用字与非常用字界限的模糊性，也为了保持已经习惯的常用字的数量，将一级字表的字量仍定为3500字。

2.2.3 收字方法

确定一、二级字表的具体收字时，始终运用科学的统计方法，以客观的统计数据作为主要的判断依据。首先依据上述覆盖率的测查方法，初步确定频次在前6500的字作为一、二级字表的基础收字。由于汉字自身和汉字使用都具有很强的人文性，汉字字集的界限并不是截然分明的，而是存在一定数量的“临界字”。所谓“临界字”，是指6500字中频次最低的一部分字。这些字在不同的语料库里呈现零散分布状态，不是每个语料库都一致。对于这些“临界字”，只有进行人工的调整，才能更加科学地反映汉字使用的实际状况。因此，我们通过实地调研、问卷调查及辅助语料库测查等方法，对6500字中频次处在最后的200—300字进行了人为调整，将部分通用度不高的字与三级字表中通用度相对较高的字进行了调换，调换的比例约占一、二级字总数的3.5%。

一、二级总体收字确定后，在划分一级字和二级字时，也采取同样的方法。首先把6500字中频次在前3500的字作为一级字表的基础收字。然后对处于一级字与二级字之间的200—300"临界字"进行人工调整。为了使人工调整避免随意性，保持客观性，处理一、二级"临界字"的原则如下：

（1）依据对儿童文学语料库的核查及中小学教师的问卷调查，补进少数儿童口语用字；

（2）依据汉字的系统性，补全了未能进入一级字表的10个大写数目字、22个干支字、全国各省（自治区、直辖市）简称用字；

（3）对一部分常用的记录联绵词的字，如果缺乏其中的一个，将其补入。

人工干预增加字后，将同样数量的低频字移入二级字表。经人工干预调整的字量约占常用字总数的3%。

经过人工调整后的一、二级字表更加符合汉字的实际应用状况。

2.3 三级字表的收字

2.3.1 三级字表设立的必要性

为满足计算机普遍运用、科技发展和社会交际的需要，《通用规范汉字表》需要补充与大众生活密切相关的四个专门领域的用字。

1.姓氏人名用字。中国是一个多民族的国家，姓氏不但记录着民族和血缘关系，还成为每个公民的称谓符号。这些姓氏数量有限，但是必须正确使用，才能保证信息交流的信度。至于人名用字，现在已相当混乱，有些用字在7万余字的国际编码字符集中都难以找到，致使第二代身份证的制作产生很大困难。尽量将姓氏用字收全，并在已有的人名用字中选择一些适合于起名的汉字进行规范，可以保证个人姓名有效地在社会上流通。

2.地名用字。地名用字往往不是全国所有地区通行的，而是当地居民的常用字，乡镇以上地名用字又是各省（市、区）不可缺少的。有些地名用字中存在使用新造字和不规范字的现象。在户籍、邮政、信贷、金融等行业的信息存储和检索数字化的今天，地名用字的混乱影响了有关行业的信息系统建设和管理。

3.科学技术术语用字。科学技术的发展和教育水平的提高，使很多科学技术用语快速进入大众日常生活。比如记录化学元素符号的用字，很多要用在药品、化肥、装修材料上，化妆品和清洁剂说明，饮食健康讲解，气象预报等等，一旦进入科学普及领域和基础教育的教科书，都会受到社会普遍关注。

4.中小学语文教材的文言文用字。规范汉字主要是书写现代汉语文本，但是古代和现代不是隔绝的，现代文本中会引用文言作品，中小学语文教材中也会收一部分优秀的文言作品。为了保证教材印刷的规范，需要在语文教材中专门收集文言文用字。

以上四个专门领域的用字对信息传播影响很大，不可或缺。这些字有些虽然在平衡语料库里字频较低，但在上述各自领域中的应用却较为广泛。这是因为汉字的使用包括书写层面和阅读层面。能够进入平衡语料库的汉字，兼有这两个方面的通行度，但是也有一些汉字的书写频度并不高而阅读频度却很高。比如西医药名、化学元素用字，有一些在社会通用范围内文本的使用度并不高，但阅读的概率却很高，几乎涉及千家万户。又如基础教育语文教材的文言文用字，也有少部分不属于一般社会通用字，但教材印刷必须使用，需要统一规范。姓名专用字也是如此，除知名人士外，普通人的姓名在一般社会应用层面上使用度不会太高；地名除了大城市、著名景点外，在一般社会应用层面上使用度也比较有限，根据字频和覆盖率可能进不了通用字的范围。但无所不往的邮政、金融、交通等领域，无人不用的身份证、户籍卡、学历证书、病历卡等证件，必须存储可能用到的汉字。如果不对这些字进行规范，会引起社会信息存储和使用的混乱。《通用规范汉字表》特别设置三级字表，收录这些专门领域较为通用的字，对一、二级字表做必要补充，是非常必要的。

2.3.2 收字原则和具体来源

在确定三级字表的收字时，坚持以下三条原则：第一，必须具有一定的使用频度，不收用处不大的过于生僻的字；第二，必须有来历，或有文献出处，或由相关职能部门提供用例；第三，必须音义俱全，且在现代语文生活中确实有使用需求，其中人名用字应适合于取名。

三级字的具体来源和数量如下（以下四个领域的数据，均为去除一、二级字表已收字后的数据）：

（1）姓氏人名用字 651 字，主要来源于 1982 年全国人口普查 18 省市抽样统计姓氏人名用字、公安部提供的姓氏用字及部分人名用字、群众提供的姓氏人名用字、一些古代姓氏用字和有影响的古代人名用字。

（2）地名用字404字，主要来源于民政部和国家测绘局提供的乡镇以上地名用字、部分村级地名和部分自然实体名称的用字、主要汉语工具书中标明为“地名”的用字。

（3）科学技术术语用字280字，主要来源于全国科学技术名词审定委员会提供的56个门类（组织学、自然辩证法、自动化、资源科技、中医药学、植物学、遗传学、医学、冶金学、药学、心理学、细胞生物学、物理学、微生物学、土壤学、土木工程、通信科技、铁道科技、天文学、水利科技、水产、数学、石油、生物物理学、生物化学、生态学、生理学、胚胎学、农学、煤炭科技、林学、力学、昆虫学、解剖学、建筑园林、城市规划、计算机科学、机械工程、化学、化学工程、航天科学技术、航海科技、海洋科学、古生物学、公路交通科技、动物学、电子学、电力、电工、地质学、地球物理学、地理学、地理信息系统、大气科学、船舶工程、测绘学）、中国社会科学院语言研究所提供的33个门类（数学、统计、计算机、通信、物理、化学、天文、气象、地质、地理、动物、植物、工业、农业、医药、武器、建筑、交通、政治、经济、文化、艺术、文物、文学、历史、教育、心理、语言学、社会学、民俗学、管理学、文秘、传播）的科学技术与人文社会科学的术语用字。

（4）中小学语文教材的文言文用字357字，主要来源于中小学语文教材文言文语料库（《通用规范汉字表》专家委员会工作组建立，收录1949—2008年中小学语文教材中的文言文和普及性文言文的语料，65万字符）。

四个方面的用字合并去重，逐一甄别，得到1605字。

2.4 《通用规范汉字表》与原有规范在收字上的差异

2.4.1 一级字表与《现代汉语常用字表》的差异

《通用规范汉字表》一级字表在功能上相当于《现代汉语常用字表》,发布后将替代《现代汉语常用字表》。为了保持人们已经习惯的3500常用字的数量,《通用规范汉字表》将一级字的字量仍定为3500个,但在具体收字上与《现代汉语常用字表》有部分差异,具体情况如下:

《现代汉语常用字表》中有103字未进入《通用规范汉字表》一级字表:

笆	裆	磺	燎	蔫	芍	嬉
焙	嫡	蛔	镣	镊	赊	铣
荸	碉	茴	檩	咆	虱	锨
秕	锭	枷	翎	硼	秫	涎
蓖	犊	荚	蛉	嘁	黍	舷
膘	樊	阱	幔	畦	昙	楔
杈	麸	鸠	铆	荠	袒	邢
碴	凫	胯	楣	荞	搪	漩
衩	篙	傀	糜	蛆	笤	蚜
嗤	箍	癞	冕	攘	桅	腌
攒	刽	儡	娩	飒	瓮	奄
锉	蒿	楞	螟	苫	坞	掖
掸	壕	潦	昵	膳	晤	谒

揖	肄	蛹	铡	榛	滓
奕	缨	辕	蘸	盅	诅

以上未进入《通用规范汉字表》一级字表的103字均已收入二、三级字表。

《通用规范汉字表》一级字表中有103字是《现代汉语常用字表》未收的：

黯	峨	槛	羚	汝	潇	酉
镑	鄂	跤	浏	鲨	霄	渝
鲍	妃	睫	禄	煽	馨	禹
悖	弗	桔	嘛	祀	墟	苑
斌	尬	娟	卯	巳	戌	曰
蔡	尴	崛	魅	隋	渲	咋
禅	赣	亢	冥	迢	绚	哉
瞅	庚	叩	瑙	豚	丫	辗
迪	癸	馈	妮	哇	焉	肇
巅	皓	睐	啪	皖	尧	瞩
滇	弘	娄	曝	惟	怡	拽
迭	簧	磊	沁	帷	贻	兹
咄	卉	愣	冉	吾	矣	佐
哦	缉	拎	壬	戊	荫	
娥	藉	聆	戎	嘻	寅	

2.4.2 对《现代汉语通用字表》的收录情况

《通用规范汉字表》一、二级字表合计6500字，其功能相当于《现代汉语通用字表》的7000通用字。二者之间的收字差异如下：

《通用规范汉字表》一、二级字表新收《现代汉语通用字表》以外的56字：

丏	呣	哵	梿	雱	樌	縠
扨	胯	恓	唵	睄	瞜	锗
呒	𬉼	姮	唰	赕	粿	鞬
吽	炘	钹	崚	婜	瞋	蹚
牤	㤘	闾	焗	颎	噘	霨
玭	祇	埵	袷	晢	踒	煒
劼	剋	埤	绱	嗐	𥻗	黪
扤	莳	捽	榁	瑷	褐	璺

《现代汉语通用字表》有556字未被收入《通用规范汉字表》一、二级字表：

亍	仳	杧	诎	矽	於	垲
彳	甪	轪	诐	岵	泜	挢
殳	氽	芈	厍	峂	泃	埏
戋	犴	呙	阽	钐	怊	垍
氕	冱	岍	阼	钔	穸	垟
伋	邡	呑	纻	佴	鸤	垞
庀	纩	伾	甙	郈	沓	挓
汈	玚	狃	邽	郐	驵	荙
忉	坜	闶	垅	朊	骀	荛
宄	扺	沄	拚	肭	绋	茈
阢	毐	沘	耵	肷	砉	茳
芏	芰	汭	苠	狉	耔	茛
囝	苊	忮	枘	狝	钹	荭
钆	芀	祃	矻	饳	垯	柃

郚	炟	栒	胲	陴	蚋	庼
刭	泚	酎	鱽	烝	唪	庳
砑	浈	酏	狴	砮	啴	阌
轵	浉	硁	狻	哿	崟	瓬
轷	洑	恧	眢	剢	崞	烺
轹	浲	𫐐	馀	绤	铕	焌
轺	洺	辁	勍	骍	铘	淏
昽	洨	剕	痄	琎	铚	逭
咭	浐	唝	疰	掭	锦	袼
峧	洴	哳	痃	掎	铦	裈
帡	洣	晔	桊	埼	铴	祲
钘	宬	晖	敉	堌	稆	艴
钪	窀	帱	浡	晢	笱	婞
钬	祎	赆	涢	聍	鸺	婳
钭	陧	钜	浼	菝	偲	绹
矧	姞	眚	涘	菥	舳	塃
俜	姽	笫	悃	勚	鸼	揾
舣	彖	倻	悢	菂	瓻	堠
弇	恝	倞	窅	菼	脶	綮
胏	珽	倓	㢗	梽	脞	揞
飐	莰	舨	袪	梾	脧	揎
馇	茝	䬙	袗	廦	鲃	葜
饻	莶	[illegible]	袯	硚	猊	葳
庤	莙	鸰	祧	龁	猄	萻
疢	桄	脎	疍	趼	觖	蒉

葥	锊	缏	箯	鋈	锿	鹝
萩	锏	骙	筼	撖	镃	磉
葓	锓	瑀	鹎	摺	镄	殣
蒎	颋	遘	僇	靽	镅	憝
葵	筘	塥	腽	鞁	箨	踣
椑	筜	赪	鲉	蔌	僬	蝤
鹀	筅	塮	鲊	蓰	僦	噀
棬	舾	搒	鲌	蓺	鲙	嶓
楗	腙	搌	鲏	碬	獍	镆
酦	腒	蒉	飔	槚	飗	镈
规	鲃	蒇	馌	槜	廙	镋
硪	猸	榀	廒	楄	瘗	镎
硷	馉	椤	瘅	酾	瘥	儇
辌	廋	榇	鄘	酲	潆	鹆
凿	鄌	辒	鄗	酴	漤	鲦
掌	湝	龆	阘	碶	窬	鲳
蛑	湨	觜	滠	碹	窭	鲬
晙	溠	暅	滶	碥	禚	獉
罩	溇	蜎	溍	劂	嫜	鹞
喤	棨	锖	湍	夥	嫪	鹟
嵚	扊	锘	慥	瞍	璆	糇
翙	裣	锧	裼	跽	墦	糈
赑	祼	锪	谫	蜾	劁	翦
铹	塈	锫	瑢	锽	蕰	鹕
铽	毵	锬	墈	锾	䰛	澈

潽	篧	澼	鲾	蹜	鼇	蘼
潏	簉	憷	鳁	嚚	蕟	躔
褶	盦	黉	鳂	镱	鳚	鳤
擐	膪	鹨	鳆	簋	蠃	鼷
鄹	螣	罱	鳈	簦	蘘	醾
黇	鲭	檑	鳉	鼫	醵	蠼
蕹	鲯	繄	獯	鼩	颥	
橦	鲰	瞵	鹹	臑	犨	
醑	鲺	蹓	襕	鳑	瀹	
觱	鲹	蹐	甓	鳠	瀵	
磺	憝	镤	鬻	蟵	耰	
曈	[illegible]	镥	[illegible]	瀍	礳	
蹅	癀	镨	檫	瀌	鼱	
踶	瘭	簃	檵	醭	鳡	
螗	燊	簏	礞	礤	穰	
幪	燆	艚	礌	蹯	韂	
穄	澴	臁	蹢	蠋	蘢	

在未进入一、二级字表的 556 个字中，符合三级字表收字标准的有 518 个。只有 38 个字未收入《通用规范汉字表》。其中包括未被普通话吸收没有通行的方言字、可以被正字替代的异体字、已经被同音替代的繁体字或其类推简化字、已经废除的旧称用字、现代已没有使用价值的文言用字以及不通用的专业领域用字。具体如下：

庀	囝	甙	拚	朊	咭	馀
阢	佘	垅	矽	挢	舨	腙

塃	葓	塈	摺	蹓	簦
揾	硷	缏	磺	臁	礤
揞	猸	堋	膪	鳆	礳
揯	湨	榀	憨	檵	穰

上述38字很少用于书写现代汉语文本,去除这些字可以使《通用规范汉字表》的特性更好地体现,不会影响字表的效用。

2.4.3 对《简化字总表》的收录情况

1956年1月,国务院公布《汉字简化方案》;1964年3月,中国文字改革委员会、文化部、教育部联合发布《关于简化字的联合通知》,公布了《简化字总表》。《简化字总表》共分三表:第一表所收的是352个不作偏旁用的简化字;第二表所收的是132个可作偏旁用的简化字和14个简化偏旁;第三表所收的是应用第二表的简化字和简化偏旁作为偏旁得出来的简化字。1986年10月,国家语委经国务院批准重新发布了《简化字总表》,并作了个别调整。调整后的《简化字总表》,实收简化字2235个。

根据现代社会实际用字状况,《简化字总表》中有31字未收入《通用规范汉字表》。其中包括未被普通话吸收没有通行的方言字、可以被正字替代的异体字、已经废除的旧称用字、现代已没有使用价值的文言用字以及不通用的专业领域用字。具体如下:

饦	钘	㖞	谘	[illegible]	[illegible]	[illegible]
㧏	[illegible]	钶	硷	[illegible]	鳆	
䌷	𬇙	[illegible]	[illegible]	穲	[illegible]	
挜	诶	[illegible]	殨	鹥	[illegible]	
挢	唡	锃	馎	鲶	䜩	

上述31字很少用于书写现代汉语文本，去除这些字可以使《通用规范汉字表》的特性更好地体现，不会影响字表的效用。

3. 简繁关系

3.1《通用规范汉字表》对待繁体字的态度

根据《中华人民共和国国家通用语言文字法》的规定，在下列情形中，可以保留或使用繁体字：文物古迹；书法、篆刻等艺术作品；题词和招牌的手书字；出版、教学、研究中需要使用的；经国务院有关部门批准的特殊情况等。

但在通用层面上，《通用规范汉字表》坚持简化的方针，同时也遵循国务院 1986 年批转国家语委《关于废止〈第二次汉字简化方案（草案）〉和纠正社会用字混乱现象的请示》的通知，对汉字的简化持谨慎态度。

在《通用规范汉字表》研制过程中，曾拟订过恢复个别繁体字的方案，在不同层面征求意见，并作了一些社会调查。经过综合各方意见，权衡利弊，最终形成的看法是：如果恢复繁体字，在我国文化普及领域与基础教育领域，会增加学习、辨析和记忆的负担，造成文化教育领域的波动，不利于社会用字的稳定；而且字用合并并非全都不合理。如何恰当处理，需要大量扎实的科学研究与社会调查，慎重行事。这一问题等待研究条件和解决时机成熟后再作处理更为稳妥。

简化汉字推行了半个世纪，它方便了几亿人的认字和写字，加快了我国教育普及和成人扫盲的步伐,已经成为传播现代信息和国际交流的载体,在传统文化现代化方面,也起到了十分积极的作用。简化汉字已经成为国内外大多数汉字使用者的习惯,根据文字使用社会性的原则,坚持简化的方向是完全正确的。

3.2《通用规范汉字表》对简繁对应关系的处理

简繁对应关系是指简化字对应一个或多个繁体字(或传承字)。其中,比较复杂的对应关系是"一简对多繁",即一个简化字对应多个繁体字(或传承字)的现象。这种现象主要是字用合并造成的。

字用合并对减少社会用字的字数,减轻使用者记忆和分辨的负担有积极作用。但其中也存在一些问题,如因合并而引起歧义,如"干"对应"干、乾、幹"等;同时在计算机简繁自动转换和文言文印刷等应用领域,由于简繁关系不能一一对应而常常产生错误,如把"头发(頭髮)"错转为"頭發"、把"干净(乾净)"错转为"幹净"等。

在坚持简化政策,不恢复繁体字的前提下,为了准确和更为明晰地反映简化字与繁体字记词职能上的不对等关系,方便字表使用者了解"一简对多繁"的对应关系,明确字用分工职能,在此对这些字组进行了分解说明。具体处理方法是:简繁字的对应以字为单位,凡一个简化字对应多个繁体字的,分解为多项,音不同的分别列出各项的拼音,标音一律采用拼音方案,只标注主要读音和以音别义的音。词例以双音词和短语为主;虚词或难以找到相应短语的单音词先出词性或义项,后面在括弧中举例。只列现代汉语义项和个别有特殊读音的文言义项。不同义项用“;”隔开。“~”用以替代与简化字相同的字,这些字在繁体字系统中仍然使用,与同一字头下对应的其他繁体字在职能上有分工。具体分解如下:

序号	简化字	对应的繁体字	标音	词例或义项	说明
1	坝	垻	bà	平地(沙坪坝)	
		壩	bà	水坝,堤坝,河坝	
2	摆	擺	bǎi	摆放,摆开;摆阔,摆威风;摇摆,摆手,摆动;钟摆;摆事实	
		襬	bǎi	下摆,衣摆	
3	板	~	bǎn	木板,钢板;板报,板书;走板,快板;呆板,死板;板正	
		闆	bǎn	老板	
4	辟	~	bì	复辟;辟恶,辟邪	
			pì	大辟	
		闢	pì	开辟;精辟,透辟;辟谣	
5	表	~	biǎo	外表,表面;表哥,表叔;表示,发表,表达;表率;表格,表册;电表,水表;姓	
		錶	biǎo	钟表,怀表,手表	
6	别	~	bié	分别,告别;别人,别称;区别,辨别;差别,天渊之别;类别,性别,职别;别针;别上门;副词(别走了,别是他来了);姓	
		彆	biè	别不过,别扭	

（续表）

序号	简化字	对应的繁体字	标音	词例或义项	说明
7	卜	～	bǔ	占卜，卜卦；预卜，生死未卜；姓	
		蔔	bo	萝卜	
8	才	～	cái	才能，多才多艺；干才，奇才；姓	
		纔	cái	副词（才来就要走；现在才明白；才有几个人）	
9	冲	～	chōng	冲洗；冲茶；冲账；冲田	
		衝	chōng	要冲，首当其冲；横冲直撞；冲突，冲撞，冲犯	
			chòng	这小伙子干活儿真冲；酒味儿很冲	
10	丑	～	chǒu	子丑；丑角，小丑；姓	
		醜	chǒu	丑陋；丑态，出丑	
11	出	～	chū	出来，出去；出席，出场；出轨，出界；出布告，出题目；出产，出煤，出活儿；出问题；发出，出芽儿，出汗；出名，出面；出纳，量入为出；看得出	
		齣	chū	三出戏	
12	当	當	dāng	相当；应当；当面；当今，当场；充当；承当；当家，当权；锐不可当；瓦当；姓	
			dàng	恰当，得当；一个人当两个人用；当作；当真；典当，赎当；当天，当年	
		噹	dāng	拟声词，撞击金属器物的声音	

（续表）

序号	简化字	对应的繁体字	标音	词例或义项	说明
13	党	~	dǎng	党项；姓	
		黨	dǎng	党章，党校；死党，结党营私；党同伐异；父党，母党	
14	淀	~	diàn	白洋淀	
		澱	diàn	沉淀，淀粉	
15	冬	~	dōng	冬季，隆冬；姓	
		鼕	dōng	拟声词，敲鼓或敲门声	
16	斗	~	dǒu	升斗；熨斗，漏斗，烟斗；北斗星，斗柄；圆形的指纹；斗胆，斗室；姓	
		鬥	dòu	械斗，拳斗；斗争；斗蛐蛐儿；斗智，斗嘴；斗眼	
17	恶	惡	è	无恶不作，罪大恶极；凶恶，恶毒；恶劣，恶习，恶感	
			wù	好恶，深恶痛绝	
		噁	ě	恶心	
18	发	發	fā	发货，分发；发射，发炮；发生；发言，发表；发扬，发育；发家，暴发户；发酵，面发了；发散，挥发；发现，揭发；发黄，发潮；发怒，发笑；发麻，发痒；出发；发起，奋发；发人深省；一发子弹	
		髮	fà	头发，毛发，理发，发型	
19	范	~	fàn	姓	
		範	fàn	钱范，铁范；典范，规范，模范，师范；范围，就范；防范	

（续表）

序号	简化字	对应的繁体字	标音	词例或义项	说明
20	丰	~	fēng	丰采，丰姿，丰韵	
		豐	fēng	丰富，丰满，丰收，丰盛；丰碑，丰功伟绩；姓	
21	复	復	fù	反复无常，循环往复；答复，复信，敬复；恢复，光复，收复，复原；报复，复仇；复发，死灰复燃，无以复加，一去不复返，复苏；姓	
		複	fù	重复，复写，山重水复；复合，繁复，复姓	
22	干	~	gān	干戈；干犯；干连，干涉；干禄；天干，干支；姓	
		乾	gān	干燥，干柴；干洗；饼干，葡萄干儿；外强中干；干笑，干号；干亲，干妈；干瞪眼，干打雷不下雨	注："乾"读 qián 时不简化作"干"，如"乾坤""乾隆"。
		幹	gàn	树干，骨干，干细胞；干部；埋头苦干；能干，干练，干才；他干过队长	
23	谷	~	gǔ	山谷，谷地，万丈深谷，谷底；姓	
			yù	吐谷浑	
		穀	gǔ	五谷杂粮；谷草，谷穗儿	注：不穀、穀旦的"穀"不简化。

（续表）

序号	简化字	对应的繁体字	标音	词例或义项	说明
24	刮	～	guā	刮胡子，搜刮	
		颳	guā	刮风	
25	合	～	gě	市制容量单位	
			hé	合上眼，合抱；合办，同心合力；符合，合情合理；折合，合计；理合声明；回合；姓	
		閤	hé	合家团聚	
26	后	～	hòu	皇后，后妃；皇天后土；姓	
		後	hòu	后门，后院；后天，日后，后辈；后排，后半夜；后代；落后	
27	胡	～	hú	胡人；胡琴，胡桃，胡萝卜；胡闹，胡说，胡搞，胡作非为；胡同；姓	
		鬍	hú	胡子，胡须，络腮胡	
28	划	～	huá	划船，划桨，划艇；划得来，划算	
		劃	huá	划玻璃，划根火柴，划了个口子	
			huà	划分，划界，划清；划拨，划转，划付；计划，筹划，策划	
29	回	～	huí	回家，回乡，回程；回头，回身；回拜，回报；回绝；一回，回合；回族，回民，回历；姓	
		迴	huí	回旋，迂回；回避	

（续表）

序号	简化字	对应的繁体字	标音	词例或义项	说明
30	汇	匯	huì	汇合，汇流；汇款，汇票；外汇，换汇，汇率；汇报，汇编，汇展，汇集；词汇，总汇	
		彙	huì	汇报，汇编，汇展，汇集；词汇，总汇	
31	伙	~	huǒ	伙食，伙房，开伙，搭伙	
		夥	huǒ	同伙，伙计，伙伴；合伙，入伙；伙同，团伙；一伙人	注：作“多”解的“夥”不简化作“伙”。
32	获	獲	huò	捕获，俘获，获取；获得，获胜，获利，不劳而获	
		穫	huò	收获	
33	几	~	jī	茶几，几案；姓	
		幾	jī	几乎	
			jǐ	几多，几时，几许，几曾；几本书，几次	
34	饥	飢	jī	饥饿，如饥似渴，饥不择食，饥寒交迫	
		饑	jī	饥荒，连年大饥，饥馑	
35	家	~	jiā	家庭，家常，家财；人家，农家，渔家；专家，画家，政治家；儒家，法家，百家争鸣；上家，下家，公家；家禽，家畜，家蚕；家兄，家父；量词（一家）	
			jia	姑娘家，学生家；老三家	
		傢	jiā	家伙；家具；家什	

（续表）

序号	简化字	对应的繁体字	标音	词例或义项	说明
36	姜	~	jiāng	姓	
		薑	jiāng	生姜，姜黄	
37	借	~	jiè	借用，借债，借条，借贷，借宿	
		藉	jiè	借故，借端；凭借，借口，借题发挥	注：“藉”读 jí 或用于慰藉、衬垫义时不简化作“借”，如“狼藉(jí)”“枕藉(jiè)”。
38	尽	儘	jǐn	尽下雨，尽自；尽早，尽快，尽先	
		盡	jìn	取之不尽；自尽，同归于尽；尽头，尽善尽美，山穷水尽；尽情，尽力；尽职，尽责，尽忠，尽孝；前功尽弃；尽数收回，尽人皆知	
39	据	~	jū	拮据	
		據	jù	占据，据为己有；据点，据说；依据，据理相争；凭据，证据，字据，论据；姓	
40	卷	~	juàn	读书破万卷，手不释卷，卷帙；画卷，卷轴，卷轴装；卷子，答卷，交卷；卷宗	
		捲	juǎn	卷尺，卷心菜，卷烟；铺盖卷，胶卷儿；席卷；量词（一卷纸）	

（续表）

序号	简化字	对应的繁体字	标音	词例或义项	说明
41	克	～	kè	克勤克俭；克己，以柔克刚；量词（千克）	
		剋	kè	攻克，克复，克敌制胜；克化、克制，克期；克扣，克减	注：表示训斥、打人的“剋”读 kēi，不简化作“克”。
42	夸	～	kuā	夸父追日	
		誇	kuā	夸口，夸大；夸奖	
43	困	～	kùn	为病所困，困局，困窘；围困，困守；困难，困厄，困苦；困乏，困顿	
		睏	kùn	困倦；困觉	
44	了	～	le	助词（吃了饭，睡着了）	
			liǎo	了账，没完没了，不了了之，了断，了局；了不相涉，了无；办得了；姓	
		瞭	liǎo	了解，一目了然，不甚了了，了如指掌	注：“瞭”读 liào 时不简化作“了”，如“瞭望”“瞭哨”。
45	累	～	lěi	连累，牵累，累及	
			lèi	劳累，累人，累了一天	
		纍	léi	累赘，果实累累	
			lěi	积累，日积月累，成千累万，罪行累累；累次，累年，连篇累牍	

（续表）

序号	简化字	对应的繁体字	标音	词例或义项	说明
46	漓	~	lí	淋漓	
		灕	lí	漓江	
47	篱	~	lí	笊篱	
		籬	lí	篱笆，樊篱	
48	里	~	lǐ	邻里；故里；里程；长度单位（千里）；姓	
		裏	lǐ	衬里，衣服里；里面，这里，里屋，往里走	
49	历	歷	lì	经历，来历，历练；历届，历代，历史；历陈，历数，历历在目；姓	
		曆	lì	历法，阳历，农历；日历，挂历	
50	帘	~	lián	酒帘	
		簾	lián	窗帘，垂帘听政，门帘；水帘洞	
51	卤	鹵	lǔ	卤素；卤族	
		滷	lǔ	盐卤，卤水；卤味，卤制，卤鸡；打卤面；茶卤	
52	蒙	~	mēng	发蒙，蒙头转向	
			méng	蒙头盖脑，蒙上一张纸；蒙受，蒙冤，蒙难；蒙昧，启蒙；姓	
			měng	蒙古，蒙古包，蒙古族	
		濛	méng	细雨蒙蒙	
		懞	méng	朴实敦厚	
		矇	mēng	欺上蒙下，蒙人；瞎蒙	
			méng	眼睛失明	

（续表）

序号	简化字	对应的繁体字	标音	词例或义项	说明
53	弥	彌	mí	弥补，弥缝；欲盖弥彰，弥足珍贵；弥漫，弥天大谎；姓	
		瀰	mí	弥漫，弥天大谎	
54	面	~	miàn	脸面，面孔；面向，背山面水；表面，水面，地面；当面，面谈；鞋面儿，布面儿；平面；正面，片面，全面，面面俱到；上面，前面，外面；一面镜子，两面旗子，见过一面；姓	
		麵	miàn	面粉，白面，豆面；药面儿，胡椒面儿；面条，挂面	
55	蔑	~	miè	轻蔑，蔑视	
		衊	miè	污蔑	
56	仆	~	pū	前仆后继	
		僕	pú	仆人，奴仆；姓	
57	朴	~	piáo	姓	
			pò	厚朴，朴树	
		樸	pǔ	俭朴，诚朴，朴素	
58	千	~	qiān	千斤，千万；千方百计，千军万马，千虑一得，千姿百态；姓	
		韆	qiān	秋千	
59	签	簽	qiān	签发，签押，签字；签呈，签注意见；抽签儿，求签；牙签儿；标签儿，书签儿，浮签儿	
		籤	qiān	抽签儿，求签；牙签儿；标签儿，书签儿	

（续表）

序号	简化字	对应的繁体字	标音	词例或义项	说明
60	纤	縴	qiàn	纤绳，拉纤，纤夫	
		纖	xiān	纤细，纤微，纤维，纤小	
61	秋	～	qiū	秋季，深秋，秋高气爽，秋毫；麦秋；千秋，一日不见，如隔三秋；多事之秋；姓	
		鞦	qiū	秋千	
62	曲	～	qū	弯曲，曲线，曲径通幽，河曲；是非曲直；姓	
			qǔ	曲调，戏曲，高歌一曲；作曲	
		麯	qū	大曲，麦曲	
63	舍	～	shè	屋舍，宿舍，寒舍；猪舍；退避三舍；舍侄，舍妹；姓	
		捨	shě	舍弃，四舍五入，舍近求远；施舍，舍粥，舍药	
64	沈	～	shěn	姓	注："沈"读 chén 时应写作"沉"。
		瀋	shěn	沈阳；墨沈未干	
65	术	～	zhú	白术，苍术	
		術	shù	技术，学术，美术，术语；战术，权术；姓	
66	松	～	sōng	松树，松鼠；姓	
		鬆	sōng	松散；松腰带；松口气，松劲；松脆；松绑，松手；肉松，鱼松	

（续表）

序号	简化字	对应的繁体字	标音	词例或义项	说明
67	苏	蘇	sū	紫苏，白苏；流苏；苏醒，死而复苏；苏州，江苏，苏绣；苏联；姓	
		囌	sū	噜苏	
68	台	~	tāi	台州，天台	
			tái	兄台，台鉴；姓	
		臺	tái	瞭望台，塔台，亭台；讲台，舞台，主席台；锅台，磨台，灯台，蜡台；井台，窗台；写字台，梳妆台；台湾，台胞，台币；一台戏，一台机器	
		颱	tái	台风	
		檯	tái	写字台，梳妆台	
69	坛	壇	tán	天坛，登坛拜将；讲坛，论坛；花坛；文坛，诗坛，影坛，球坛	
		罎	tán	坛子，酒坛，一坛醋	
70	涂	~	tú	姓	
		塗	tú	涂抹，涂染；涂画，涂写；涂改，涂掉；泥涂，生灵涂炭；涂田，滩涂	
71	团	團	tuán	圆团，团形；纸团，线团；团聚，团圆，团结；团长；团员，入团，共青团；代表团，访问团，剧团，团队；一团乱麻	
		糰	tuán	麻团，菜团子	

（续表）

序号	简化字	对应的繁体字	标音	词例或义项	说明
72	万	～	mò	万俟	
		萬	wàn	万千，万一；万全，万不得已，万不能行；姓	
73	系	～	xì	系统，系别；院系，中文系；侏罗系	
		係	xì	关系，干系；确系实情	
		繫	jì	系鞋带，系纽扣	
			xì	关系，联系，维系；系马，系缚；系恋，系念	
74	咸	～	xián	咸同，咸亨，老少咸宜；姓	
		鹹	xián	咸味，苦咸，咸水，咸菜，咸津津	
75	向	～	xiàng	介词（向东走）；姓	
		嚮	xiàng	方向，志向，风向；偏向；趋向，面向；向晓，向晚；向来	
76	吁	～	xū	长吁短叹；气喘吁吁	
			yū	喝止牲口的声音	
		籲	yù	呼吁，吁请，吁求	
77	须	須	xū	须臾；必须，须要，须知	
		鬚	xū	胡须，须眉，须发；触须，须根	
78	旋	～	xuán	盘旋，旋转，螺旋，回旋；凯旋；旋即；旋律；姓	
			xuàn	旋风	
		鏇	xuàn	旋床，旋零件；酒旋	

（续表）

序号	简化字	对应的繁体字	标音	词例或义项	说明
79	叶	～	xié	叶韵	
		葉	yè	树叶，枝叶，叶落归根；百叶窗，肺叶；二十世纪中叶；姓	
80	余	～	yú	姓	
		餘	yú	剩余，多余，余力，余音绕梁，不遗余力；兴奋之余，业余；三十余人，四百余斤	
81	郁	～	yù	郁金香，馥郁，郁烈；姓	
		鬱	yù	郁郁葱葱；郁闷，抑郁，忧郁	
82	御	～	yù	御人之术；御花园，御史，御用	
		禦	yù	抵御，防御，御寒	
83	云	～	yún	人云亦云，不知所云	
		雲	yún	云彩，云朵，云雨，云游；云南；姓	
84	芸	～	yún	芸香，芸草；芸芸众生；芸豆；姓	
		蕓	yún	芸薹	
85	脏	臟	zàng	内脏，心脏，肝脏，五脏六腑	
		髒	zāng	肮脏，脏乱	

（续表）

序号	简化字	对应的繁体字	标音	词例或义项	说明
86	折	~	shé	树枝折了，桌子腿撞折了；折本，折耗；姓	
			zhē	折跟头；折腾	
			zhé	骨折；损兵折将；曲折，百折不挠；转折；折服，心折；折扣，折价；七折；不折不扣；一折戏	
		摺	zhé	折叠，折纸；奏折	
87	征	~	zhēng	出征，征讨，征伐；征途，长征	
		徵	zhēng	征兆，象征；信而有征，征引；征税，征兵，征地；征稿	注："宫商角徵羽"的"徵"读zhǐ，不简化作"征"。
88	症	~	zhèng	症状，急症，对症下药	
		癥	zhēng	症结，症瘕	
89	只	衹	zhǐ	只是，只要，只好，只有	
		隻	zhī	只身，只字不提；一只鸟	
90	制	~	zhì	因地制宜，制定；限制，管制，节制；制度；姓	
		製	zhì	制造，制革，缝制，炼制	
91	致	~	zhì	致敬，致谢，致电；致力，专心致志；致富，学以致用；招致，致癌，致残；以致，致使；兴致，景致，毫无二致；姓	
		緻	zhì	细致，精致，工致	

（续表）

序号	简化字	对应的繁体字	标音	词例或义项	说明
92	钟	鍾	zhōng	古代盛酒器；钟爱，钟情	
		鐘	zhōng	钟楼，钟鼓；时钟，鸣钟，警钟；钟表，钟摆，钟点	
93	种	～	chóng	姓	
		種	zhǒng	物种；人种，种族；语种，工种；麦种，种禽；种类	
			zhòng	种植，种田，种牛痘	
94	朱	～	zhū	朱笔，朱红；姓	
		硃	zhū	朱砂	
95	筑	～	zhù	击筑；贵阳的别称；姓	
		築	zhù	建筑，修筑，构筑	
96	准	～	zhǔn	准许，批准，准予，准考证	
		準	zhǔn	水准，准绳，标准，准则；准此办理；瞄准；准科学，准将，准平原；准保	

3.3《通用规范汉字表》对待类推简化的态度

《简化字总表》说明中有这样的表述："本表收录 1956 年国务院公布的《汉字简化方案》中的全部简化字。关于简化偏旁的应用范围，本表遵照 1956 年方案中的规定以及 1964 年 3 月 7 日中国文字改革委员会、文化部、教育部《关于简化字的联合通知》的规定，用简化字和简化偏旁作为偏旁得出来的简化字，也收录本表内（本表所说的偏旁，不限于左旁和右旁，也包括字的上部下部内部外部,总之指一个字的可以分出来的组成部分而言。这个组成部分在一个字里可以是笔画较少的,也可以是笔画较多的。例如'摆'字,'扌'固然是偏旁,但是'罢'也作偏旁)。"说明还指出:"第二表所收的是:一、132个可作偏旁用的简化字和二、14个简化偏旁。第一项所列繁体字,无论单独用或者作别的字的偏旁用,同样简化。第二项的简化偏旁,不论在一个字的任何部位,都可以使用,其中'讠、饣、纟、钅'一般只能用于左偏旁。这些简化偏旁一般都不能单独使用。"根据这个说明,《简化字总表》应用二表所规定的132个简化字和14个简化偏旁,类推出1753字,全部收入第三表,这就是人们习惯所说的"类推简化"。

实行类推的初衷是为了保持简化汉字的系统,易于识别;总体减少笔画,书写方便。这个原则对保持汉字构形的体系具有积极的作用。但是,类推简化没有明确限制范围,因此,当一系列大中型辞书相继问世,大型计算机字库相继建立,简体版的古籍纷纷出版时,类推简化的范围远远超出了原来规定的第三表的范围,问题也就逐渐显露:字数大量增多后,产生了一批同形字;有些繁体字类推简化后,原字的结构被破坏,影响了构字的理据,也破坏了字形的美观;由于存在一表和二表两种不同的简化方式,反而影响了简化的系统性;类推简化生成了一大批完全没有使用过的字形,增加了毫无用处的异写字字样,实际上使汉字的总体系统繁化甚至混乱,也给使用领域带来不便;有些辞书对贮存领域的汉字无限类推,在汉字本来数量繁多的情况下,又人为地造出大量历史上从来没有使用过的"人造字",违背了辞书存储汉字的历史真实性原则,拉大了汉字应用的古今差异和两岸差异。

因此,《通用规范汉字表》根据国务院1986年"今后,对汉字的简化应持谨慎态度，使汉字的形体在一个时期内保持相对稳定”的指示精神，对类推简化采取了严格掌握的原则，一般不再扩大类推的范围；但考虑到汉字应用的现实，也收录了少数已经被社会所习用，并符合《简化字总表》规定的类推简化字。今后表外字不再类推。

本表新收录的226个类推简化字中，166个曾被《现代汉语词典》和《新华字典》收录，51个见于其他多种辞书，9个出自频度较高的姓氏人名及现代科技用字。具体如下：

讦	𬇕	𬮿	俫	𫆛	梼	𬘬
讱	𫍟	𬯀	骃	崄	梿	𬘭
伣	𫸩	𫰛	𬘡	𫓱	𬒗	𬴂
闫	纮	迳	骁	𬬻	𫖯	𬘯
沥	驲	𬳵	𬘩	𬬹	𬟽	𬴃
𬣙	𫘜	𬳶	𫄧	𬬿	𫓺	综
𬘓	𬘘	䌹	骉	𫓹	𫓨	𬘰
𫭟	𫘝	𬳽	勚	𫢸	𫔍	骕
𫭢	𬜯	𬍛	𬍤	𫗧	𫔎	𫘨
㧑	𫐉	垴	塝	闾	𫎆	𫮆
𫇭	𬀩	苘	𫈟	𬊈	𫢗	𬃸
杩	𬀪	𬑕	桠	𫵷	𬇹	𫛢
𫐄	𫓧	𫓩	𬃊	𬳿	𬣳	𫓶
𫶇	𬊤	钜	颊	𫄸	𫍣	𬆙
𫗇	𬤇	𫓬	𫐐	𬘫	𬤊	𬺓
沅	𫍨	𫓫	赀	𫮃	𫍩	𫶔
𬇙	𬩽	𬬭	郿	𬞟	𬯎	𫖹

𬬮	敩	𬶍	𬶐	骞	𬭳	𬶨
𫓧	𬳿	𦝼	𫚕	𫍯	镖	鳒
𫓯	𫘧	𬮱	𬶏	𬴊	𬭛	擭
𫔎	缐	𫌀	𫚔	𬞟	𬭸	黪
锍	𬪩	𬸚	𫚗	𫔶	𬭬	𬶮
𫟹	𬒗	硕	鲛	𬺛	𫔶	𬴃
要	𬨎	𬳽	鸑	𬹼	𫓹	纕
𤞤	𫐓	𫘬	𬤝	𪩘	鹨	齼
颀	𬸘	𬍤	缤	镨	𫚙	鳠
𫛭	𫫇	𣗋	𪎌	𫔍	𬶠	𬸰
颎	𫓹	鸥	𬟽	𬭸	䥲	𫚭
廞	锳	𬒈	𬭩	𬭤	𦈡	
圚	𬭚	𬺈	镕	𫔷	纁	
𬊤	铍	𬭼	𬶟	𪈼	𬸣	
渍	篑	锺	𬸪	𫄸	𬩽	
渫	𬶋	𫓽	澛	𬍡	𫄷	

4. 正异关系

4.1《通用规范汉字表》对待异体字的态度

4.1.1 严格异体字与非严格异体字

在科学的汉字学术语体系中,异体字是汉字字际关系的术语之一,它和通假字、分化字等其他字际关系的术语是共存的。在理论上应对异体字有明确的界定,不能混淆异体字和其他字际关系术语的界限。严格的异体字应当是:音义全同、记词职能完全一样、仅仅字形不同,它们在任何语境下都能互相替代而不影响意义表达的一些字样。

但是,由于汉字发展的时代久远,很多不同时代的字往往积淀在一个共时层面上,情况错综复杂。从汉字的使用情况来看,当一个字在记词职能上能够涵盖另一个字或几个字,这些字组通常被视为异体字。其中,包括严格异体字,也包括一些在使用职能上存在涵盖关系和交叉关系的通假字、分化字等。从汉字整理的实际出发,有必要把这些严格异体字以外的字组确定为非严格异体字。《第一批异体字整理表》(以下简称《一异表》)中确定的异体字即可分为严格异体字和非严格异体字两种情况。

因此,异体字应从两个层面理解:在汉字学学科理论中,异体字只指严格异体字;在汉字整理和应用中,异体字才可以包括严格异体字和非严格异体字。

4.1.2 处理正异关系的积极意义

由于汉字使用人口众多、地域广泛、历史久远，因此在发展演变过程中字符数量不断攀升，《汉语大字典》收字已达到56000个左右，目前进入国际编码的汉字字样已经达到8万以上，并且还在不断增加。在这些数目庞大的汉字群中，除只在古代某一时期使用过的历史字之外，还存在着大量在现代通用层面上记词功能相同的字。这些不仅会给初学者识读造成困难，同时也给汉字应用领域带来诸多不便，特别是在信息时代，冗余的汉字会直接影响信息传播的速度与信度。因此，整理异体字是促进汉字规范化和标准化的一项重要任务。

新中国成立后，关于异体字的整理主要体现在《一异表》中。《一异表》是在1955年12月，由文化部和文字改革委员会联合发布，并决定从1956年2月起在全国实施。发布时的说明中说："表内所列异体字共810组，每组最少2字，最多6字，合计共1865字。经过整理后共精简去1055字。"发布时的《联合通知》指出："从实施日起，全国出版的报纸、杂志、图书一律停止使用表中括弧内的异体字。但翻印古书须用原文原字的，可作例外。一般图书已经制成版的或全部中分册尚未出完的可不再修改，等重排再版时改正。机关、团体、企业、学校用的打字机字盘中的异体字应当逐步改正。商店原有牌号不受限制。停止使用的异体字中，有用作姓氏的，在报刊图书中可以保留原字，不加变更，但只限于作为姓用。"这个文件明确了异体字属于"不规范字"的范围，在通用层面书写现代汉语文本时，不能用异体字。所以需要从记词职能完全相同而字形不同的一个字种的多个字样中选择一个通用的字形作正字,规定其他字不再使用。《一异表》的发布基本解决了当时的用字混乱现象,精简了汉字字数,减轻了学习者的负担,加强了社会用字规范。

但由于历史和时代的因素,《一异表》中确定的“异体字”,从现代汉语通用层面上来看,有些并不是严格异体字。特别是在姓氏人名、地名和科学技术术语用字中,一些非严格异体字尚有无法取代的使用价值。把这些字都列入“不规范字”的范围而取消,对意义的精确表达会产生不好的影响,也不符合科学认同的原则。此外,《一异表》已经公布实施50多年,社会用字发生了一定改变,也有必要从汉字使用的实际情况出发对《一异表》进行整理,区分字表中的严格异体字和非严格异体字:一方面将《一异表》中的严格异体字仍按异体关系处理;另一方面,从应用角度出发,对表中仍有应用价值的非严格异体字,调整为规范字,或在特定意义上调整为规范字,并对其应用范围加以限定;同时对于《一异表》中甄别有误的字组,则不再处理为异体关系。

因此,根据科学的汉字字际关系,同时考虑汉字整理的历史和实际情况,对《一异表》重新进行整理,这样做一方面维护了科学的严格异体字的概念,另一方面也对促进汉字的规范化和标准化具有积极意义。

4.2 《通用规范汉字表》对《第一批异体字整理表》的处理原则与方法

4.2.1 处理原则

(1)坚持科学的原则。坚持严格异体字定义,以保证概念的准确性与系统性。按照严格异体字的定义，将《一异表》中确定的异体字分为严格异体字和非严格异体字两种情况，并分别予以处理。

（2）坚持稳定的原则。虽然《一异表》中不都是严格异体字，存在一些问题，但《一异表》精简汉字字数，减少冗余信息的初衷是具有合理性的，而且由于该表已经公布了50多年，人们在使用汉字时已经习惯遵照执行，完全推倒重新处理，会造成社会用字的混乱，给大众带来不便。且异体字问题情况复杂，涉及问题众多，也不宜扩大异体字整理范围。因此，在制定《通用规范汉字表》时，异体字调整范围仅限于《一异表》，且在调整时需要采取慎重态度，尽量减小调整幅度。

（3）坚持求实的原则。经过仔细甄别，《一异表》中确实存在正字在音项或义项上不能完全包含非正字的字组，这些字组应重新予以处理。

4.2.2 严格异体字的处理方法

《一异表》中的严格异体字可分为异写字和异构字。（1）异写字。异写字是指同一个字种因写法不同而造成形体差异的两个字样。主要有两种情况：一是因笔画组合方式、数量不同而形成的形体差异。例如：册[冊]、污[汚]、插[挿]、冉[冄]、厮[廝]。二是因构件位置不同而形成的形体差异。例如：鞍[鞌]、岸[峖]、稿[稾]、够[夠]、峰[峯]、辣[辢]。（2）异构字。异构字指在任何情况下音与义都相同，而在构件、构件数量、构件功能等方面至少有一项存在差别的两个字样。例如：碇[矴]、凳[櫈]、睹[覩]、妒[妬]、桌[棹]。

对于严格异体字，《通用规范汉字表》附表1——《规范汉字与繁体字、异体字对照表》(以下简称《通用规范汉字表》附表1)认可其异体关系,放入异体字栏。

4.2.3 非严格异体字的处理方法

《一异表》中的非严格异体字情况比较复杂。包括如下几种类型:

(1)分化字

分化字指原来用一个字记录的词和义,为了区别,分开用两个或两个以上的字来记录。分化字在发展中会出现两种结果:一种是分化之后两个字的记词职能明确,在义项上不再相互通用;另外一种是分化之后母字在记词职能上仍然能够涵盖分化字,此类型又可称为分化未遂。在《一异表》中,涉及的分化字大多属于第二种情况。例如(为阐释方便,正异字组仍遵照《一异表》,采用繁体字形):

贊[讚]:"讚"分化了"赞"的"称赞;文体的一种"等意义,但这种分化并没有持续下来,在现代汉语共时层面,"赞"既可以表示"称赞;文体的一种",又可以表示"赞助"义,完全包含"讚"的义项。

志[誌]:"誌"分化了"志"的"记在心里;记号"等意义,在现代汉语共时层面,"志"既可以表示"记在心里;记号"等意义,又可以表示"志向"义,完全包含"誌"的义项。

(2)通假字

通假字包括同音借用字和同源通用字。同音借用字指在本字已经存在的情况下,借用音同或音近而意义无关的字来替代本字。同源通用字是指因词的派生而孳乳出的新字在尚未完全习用的过渡阶段，与源字通用或者新字之间混用的现象。根据两字在现代汉语共时层面上义项的异同，《一异表》中的通假字包括如下四种情况：

第一，由于长期使用中的义项通用，使两个字在现代汉语共时层面上的义项完全相同。例如：

鋤[耡]：两者本义不同，“锄”本字作“鉏”，表“锄头”，《说文・金部》：“鉏，立薅所用也。”而“耡”原指“古代的一种税赋制度”，《说文・耒部》：“耡，商人七十而耡。”在使用过程中，由于读音相同，“锄”与“耡”在“锄头”义项上通用，在现代汉语共时层面，两者的义项已完全相同。

駡[傌]：“骂”本用作“责骂”义，“傌”用作“汉代的刑罚”等义。因为读音相同，“傌”与“骂”通用，具有了“责骂”义。在现代汉语共时层面，“傌”所记录的“汉代的刑罚”等义项已成为生僻义不再使用，两者的义项已完全相同。

第二，义项部分相同，且正字义项可以涵盖非正字义项。例如：

烟[菸]：两者在来源上各有本义。由于读音相同，两者在“烟草制成品；鸦片”等义项上通用，其他义项不通用。在现代汉语共时层面，“烟”的义项可以涵盖“菸”的义项，但在“烟火；像烟的东西”等义项上只作“烟”。

吃[喫]：两者在来源上各有本义。《说文・口部》：“吃，言蹇难也。”《说文新附》：“喫，食也。”由于读音相近，两者在“吃饭；吸收（液体）”等义项上通用，其他义项不通用。在现代汉语共时层面，“吃”的义项包含“喫”的义项，但在“口吃”义上只作“吃”。

第三，义项部分相同，且正字义项无法涵盖非正字义项。例如：

修[脩]：两者在"修饰；钻研"等义项上完全通用。但在表示"束脩"时只能用"脩"，不能用"修"。

捍[扞]：两者在"捍卫、保卫"义项上完全通用。但在表示"扞格"义时只能用"扞"，不能用"捍"。

第四，义项完全不同。两个字在历史上存在过通用现象，但在现代汉语共时层面义项完全不同，分工明确、职能清晰。例如：

淡[澹]：历史上，两者在"含某种成分少、稀薄"等意义上通用，但在现代汉语共时层面，"淡"的义项为"含的盐分少；含某种成分少、稀薄；不热心；营业不旺盛"等，"澹"的义项为"水波起伏；安静"。两个字的义项已完全不同。

雕[凋]：历史上，两者在"修饰"意义上通用，但在现代汉语共时层面，"雕"的义项为"一种鸟类；雕琢；用彩画装饰"等，"凋"的义项为"草木零落、衰落"。两个字的义项已完全不同。

(3)历史上某个时段中曾经是严格异体字，在现代汉语共时层面上义项略有差别，但正字义项可以包含非正字义项的字组。例如：

岳[嶽]：《说文·山部》"嶽"下以"岳"作"嶽"的古文，《说文·页部》"頟，前面岳岳也"下段玉裁注："岳，古文嶽。"可见它们都是为"山岳"义所造之字，为严格异体字。但在现代汉语共时层面，"称妻的父母及伯父、叔父"及作姓氏时只用"岳"来记录，不能写作"嶽"。

眷[睠]：《说文·目部》："眷，顾也。"《玉篇·目部》："睠"，同"眷"。两者为严格异体字。但在现代汉语共时层面，表示"亲属"义只能用"眷"来记录，不能写作"睠"。

（4）音义无关字。例如：

挪［挼］："挪"读 nuó，义为"移动"；"挼"读 ruó，义为"揉搓"。两者音义均不相关。

婀［婐］："婀"读 ē，义为"轻盈柔美貌、依违阿曲"；"婐"读 wǒ，义为"侍候"。两者音义均不相关。

对于以上非严格异体字，采取如下调整方式：

（1）对于义项完全能够被正字包含的非正字，《通用规范汉字表》附表 1 予以认可，放入异体字栏。表示在书写现代汉语文本时，仍必须采用正字。

（2）对于义项无法被正字完全包含的非正字，《通用规范汉字表》一方面将其视为规范字，另一方面将其放入《通用规范汉字表》附表 1 的异体字栏，加注说明其使用范围。表示在书写现代汉语文本时，除已经规定的特定意义外，仍不能使用。

（3）对于义项与正字完全不同的非正字，《通用规范汉字表》附表 1 不再将其放入异体字栏。其中一部分在书写现代汉语文本时仍然有用，符合《通用规范汉字表》收字原则，则将其确定为规范字，收入字表中；另一部分是罕用字或生僻字，不符合收字原则，则不再收入字表。

4.3《通用规范汉字表》对《第一批异体字整理表》的调整结果

《一异表》发布后，先后有多个文件和字表对该表进行过调整，将 29 个异体字调整为规范字。这些文件和字表是：《修正〈第一批异体字整理表〉内"阪""挫"二字的通知》（1956 年）、《简化字总表》(1986年)、《现代汉语通用字表》(1988年)、《关于"镕"字使用问题的批复》(1993年)。

《通用规范汉字表》除仍将"讌、紬、鰌"3字视为"宴、綢(绸)、鰍(鳅)"的异体字外,基本采纳上述文件和字表对《一异表》的调整;并根据相关部门及群众的意见,对《一异表》进行了全面复查,新调整了部分异体字。调整的具体结果如下:

4.3.1 确认26个原调整的异体字为规范字

(1)将"挫、愣、邱、彷、诃、诓、桉、凋、菰、溷、骼、徼、澹、薰、黏、刬、於、晔、晖、詟、鲙、镕、翦"等23个字确认为规范字。以上诸字(或其繁体字)在《一异表》中被视为下列箭头所指字的异体字:

挫→銼　愣→楞　邱→丘　彷→仿　诃(訶)→呵

诓(誆)→誑　桉→案　凋→雕　菰→菇　溷→混

骼→胳　徼→僥　澹→淡　薰→熏　黏→粘

刬(剗)→鏟　於→于　晔(曄)→燁　晖(暉)→輝

詟(讋)→懾　鲙(鱠)→膾　镕(鎔)→熔　翦→剪

(2)将"雠、䜣、阪"3个字在特定意义上视为规范字,并在《通用规范汉字表》附表1中加注说明其使用范围:

雠:《一异表》中其繁体字为"仇"的异体字。《通用规范汉字表》附表1规定该字用于"校雠""雠定""仇雠"等,其他意义用"仇"。

阪:《一异表》中为"坂"的异体字。《通用规范汉字表》附表1规定该字可用于地名,如大阪。

䜣:《一异表》中其繁体字为"欣"的异体字。《通用规范汉字表》附表1规定该字可用于姓氏人名。

4.3.2 新调整45个异体字为规范字

新调整的45个异体字包括：

（1）将6个异体字调整为规范字

将“晳”、“瞋”、“噘”、“蹚”、“凓”、“勠”6字调整为规范字，不再作为“晰”、“嗔”、“撅”、“趟”、“栗”、“戮”的异体字。其中，“蹚”在《一异表》中与“趟”同为“趟”的异体字。经审核，“蹚”“趟”多用于“蹚水”“蹚地”等，与“趟”有明确分工。《通用规范汉字表》不再将二字作为“趟”的异体字，而是将“蹚”视为规范字，将“趟”作为“蹚”的异体字。

（2）将39个异体字在特定用法上调整为规范字

将“迺、桠、耑、钜、昇、陞、甯、飏、袷、麹、仝、甦、邨、氾、堃、犇、龢、迳、钅卢、线、釐、脩、絜、扦、喆、祕、頫、赀、叚、勣、菉、蒐、淼、椀、谿、筦、澂、劄、吒”等39个字在特定意义上视为规范字。具体适用范围如下：

迺：《一异表》中为“乃”的异体字。《通用规范汉字表》附表1规定该字可用于姓氏人名、地名。

桠：《一异表》中其繁体字为“丫”的异体字。《通用规范汉字表》附表1规定该字可用于姓氏人名、地名和科学技术术语，如“五桠果科”。

耑：《一异表》中为“專（专）”的异体字。《通用规范汉字表》附表1规定该字可用于姓氏人名，读duān。读zhuān时用“专”。

钜：《一异表》中其繁体字为“巨”的异体字。《通用规范汉字表》附表1规定该字可用于姓氏人名、地名。

昇：《一异表》中为“升”的异体字。《通用规范汉字表》附表1规定该字可用于姓氏人名，如毕昇。

陞:《一异表》中为“升”的异体字。《通用规范汉字表》附表 1 规定该字可用于姓氏人名、地名。

甯:《一异表》中为“寧(宁)”的异体字。《通用规范汉字表》附表 1 规定该字可用于姓氏人名。

飏:《一异表》中其繁体字为“揚(扬)”的异体字。《通用规范汉字表》附表 1 规定该字可用于姓氏人名。

袷:《一异表》中为“夾(夹)”的异体字。《通用规范汉字表》附表 1 规定该字用于“袷袢”,读 qiā。读 jiá 时用“夹”。

麹:《一异表》中其繁体字为“麯(曲)”的异体字。《通用规范汉字表》附表 1 规定该字可用于姓氏人名。

仝:《一异表》中为“同”的异体字。《通用规范汉字表》附表 1 规定该字可用于姓氏人名。

甦:《一异表》中为“蘇(苏)”的异体字。《通用规范汉字表》附表 1 规定该字可用于姓氏人名。

邨:《一异表》中为“村”的异体字。《通用规范汉字表》附表 1 规定该字可用于姓氏人名。

氾:《一异表》中为“泛”的异体字。《通用规范汉字表》附表 1 规定该字可用于姓氏人名,读 fán。读 fàn 时用“泛”。

堃:《一异表》中为“坤”的异体字。《通用规范汉字表》附表 1 规定该字可用于姓氏人名。

犇:《一异表》中为“奔”的异体字。《通用规范汉字表》附表 1 规定该字可用于姓氏人名。

龢:《一异表》中为“和”的异体字。《通用规范汉字表》附表 1 规定该字可用于姓氏人名。

迳:《一异表》中其繁体字为“徑(径)”的异体字。《通用规范汉字表》附表1规定该字可用于姓氏人名、地名。

鈩:《一异表》中其繁体字为“爐(炉)”的异体字。《通用规范汉字表》附表1规定该字用于科学技术术语,指一种人造的放射性元素(符号为Rf)。

綫:《一异表》中其繁体字为“綫(线)”的异体字。《通用规范汉字表》附表1规定该字可用于姓氏人名。

釐:《一异表》中为“厘”的异体字。《通用规范汉字表》附表1规定该字可用于姓氏人名,读xī。读lí时用“厘”。

脩:《一异表》中为“修”的异体字。《通用规范汉字表》附表1规定该字用于表示干肉,如“束脩”。其他意义用“修”。

絜:《一异表》中为“潔(洁)”的异体字。《通用规范汉字表》附表1规定该字读xié或jié时均可用于姓氏人名。

扞:《一异表》中为“捍”的异体字。《通用规范汉字表》附表1规定该字用于表示相互抵触,如“扞格”。其他意义用“捍”。

喆:《一异表》中为“哲”的异体字。《通用规范汉字表》附表1规定该字可用于姓氏人名。

祕:《一异表》中为“秘”的异体字。《通用规范汉字表》附表1规定该字可用于姓氏人名。

頫:《一异表》中其繁体字为“俯”的异体字。《通用规范汉字表》附表1规定该字可用于姓氏人名,如赵孟頫。

赀:《一异表》中其繁体字为“資(资)”的异体字。《通用规范汉字表》附表1规定该字可用于姓氏人名和表示计量义。

叚:《一异表》中为“假”的异体字。《通用规范汉字表》附表1规定该字可用于姓氏人名,读xiá。读jiǎ时用“假”。

勣:《一异表》中其繁体字为“績(绩)”的异体字。《通用规范汉字表》附表 1 规定该字可用于姓氏人名。

菉:《一异表》中为“綠(绿)”的异体字。《通用规范汉字表》附表 1 规定该字可用于姓氏人名、地名。

蒐:《一异表》中为“搜”的异体字。《通用规范汉字表》附表 1 规定该字用于表示草名和春天打猎。其他意义用“搜”。

淼:《一异表》中为“渺”的异体字。《通用规范汉字表》附表 1 规定该字可用于姓氏人名、地名。

椀:《一异表》中为“碗”的异体字。《通用规范汉字表》附表 1 规定该字用于科学技术术语,如“橡椀”。其他意义用“碗”。

谿:《一异表》中为“溪”的异体字。《通用规范汉字表》附表 1 规定该字可用于姓氏人名。

筦:《一异表》中为“管”的异体字。《通用规范汉字表》附表 1 规定该字可用于姓氏人名。

澂:《一异表》中为“澄”的异体字。《通用规范汉字表》附表 1 规定该字可用于姓氏人名。

劄:《一异表》中为“札”的异体字。《通用规范汉字表》附表 1 规定该字用于科学技术术语,如中医学中的“目劄”。其他意义用“札”。

吒:《一异表》中为“咤”的异体字。《通用规范汉字表》附表 1 规定该字可用于姓氏人名,读 zhā,如哪吒。读 zhà 时用“咤”。

4.3.3 将 10 个异体字组的正字与异体字地位互换

在整合简繁、正异关系时,按照《简化字总表》中的繁体字字形,将《一异表》中 10 个异体字组的正异关系作了调整。具体调整如下:

袛[衹秖]→祇[衹秖];汚[汙汚]→污[汙汚];兎[兔兎]→兔[兎兎];閙[鬧]→鬧[閙];賔[賓]→賓[賔];牆[墻]→墻[牆];巵[卮]→卮[巵];佇[竚伫]→伫[佇竚];梔[栀]→栀[梔];謚[諡]→諡[謚]。

其中"衹"调整后成了"衹"的异体字,但在表示"地衹"等意义时仍视为规范字,故加注说明其使用范围:

衹:用于表示地神,读 qí。读 zhǐ 时用"只"。

4.3.4 将 2 个异体字组合并成 1 个

将原异体字组"鹼[鹻]"和"碱[堿]"合并为"碱[堿鹻鹼]",因为四字之间互为异体关系。

4.3.5 删除异体字组

将"撚、挼、捼、跴、婐、騃"6 个无法和原正字构成异体关系的罕用字从异体字栏中删除。原因如下:

撚:《一异表》为"拈"的异体字。经审核,两者在读"niǎn"表示"捏,搓揉"义上构成异体关系。但在现代汉语中,这个意义一般使用"捻"来表示,而不再使用"拈""撚"。

挼、捼:《一异表》为"挪"的异体字。经审核,"挼""捼"和"挪"读音与意义均不同。"挪"读"nuó",义为"移动";"挼""捼"读"ruó",义为"揉搓"。

跴:《一异表》视为"趟"的异体字。经审核,两者读音与意义均不同。"跴"是"踩"的讹字。

婐:《一异表》为"婀"的异体字。经审核,两者读音与意义均不同。"婀"读 ē,义为"轻盈柔美貌、依违阿曲";"婐"读 wǒ,义为

“侍候”。

騃:《一异表》为“呆”的异体字。经审核,两者仅在“傻”这一义项上通用,但读音不同:“騃”读“sì”“ái”;“呆”读“dāi”。

由于这些字均为罕用字,在现代汉语通用层面没有使用价值,因此也不再收入《通用规范汉字表》。

5. 字形问题

5.1 字形标准的重要性

汉字是一种人文性很强的书写符号系统，它的表意特征决定了它与社会文化之间的密切关系，也决定了它的字符数量会数千倍于拼音文字。而且，作为全民使用的交际工具，它的书写者多，流通面广。这些都必然导致汉字字形不能完全自发地发展，否则，其分歧程度将会无法控制。因此，汉字的发展过程，同时也是汉字字形不断规范的过程，只是不同时期规范的力度有大小差别而已。可以说，汉字的字形规范是汉字与生俱来的必然要求，只要汉字还在充当全民的交际工具，任何时代都无法避开汉字字形规范这一话题。

当汉字进入"电脑时代"后，越来越高的工业标准化程度，对汉字的规范化和标准化提出了越来越细致的要求。在信息时代，经济、文化发展的重要条件，是及时和正确地获得必要的信息，并把需要传播的信息及时准确地传播出去。计算机成为传播信息的工具，实现了信息传播的高速度、远距离和高度的社会化。在这种情况下，汉字规范化和标准化的重要性显得日益突出。可以说，有了汉字这种传播载体的标准化，才能实现信息传播的速度和信度。

5.2《通用规范汉字表》遵循的字形标准

1955年,中国文字改革委员会提出进行汉字字模标准化工作,以统一印刷字体和手写正楷体的笔画结构,精简偏旁部件的种类,确定汉字的标准字形,并把它作为书写的规范和设计印刷、打字字模的标准,以利学习和使用。经过10年的研制,1965年由文化部和中国文字改革委员会联合公布了《印刷通用汉字字形表》。该表按照一定的规则,对6196个汉字的字形进行了微调,并给每个汉字规定了笔画数、结构和笔顺,形成了我国汉字规范史上的"新字形"。

1988年3月,国家语委和新闻出版署联合发布《现代汉语通用字表》时,删去《印刷通用汉字字形表》中的50字,增加了854字,字形标准未作新的调整。这便是我国目前所执行的汉字字形标准。

《通用规范汉字表》所收的《印刷通用汉字字形表》和《现代汉语通用字表》之内的字,均按两表中字形收录。两表之外的字,依据两表内部的字形规则确定。

5.3 建立字形标准的后续工作

过去由于条件的局限,《印刷通用汉字字形表》和《现代汉语通用字表》存在一些与内部规则不一致的地方。如,"瞥、鳖、憋、弊、蹩"同样都是以"敝"为声旁的形声字,但"瞥、弊、憋"的第四笔带钩,"鳖、蹩"的第四笔却不带钩。这些没有理由的例外现象,给大家学习和使用带来了不必要的困难。这些现象在用铜模浇铸铅字的“前电脑时代”，还不太容易觉察到。但在进入“电脑时代”后，工业标准化对汉字字形标准的要求也越来越细致，这就使字形中的不规范现象逐渐“暴露”出来，给人们用字带来越来越大的影响。同时，《印刷通用汉字字形表》和《现代汉语通用字表》内部字形规则不统一，也给7000字之外汉字的字形确定造成了困难，成为影响汉字标准化的一个重要因素。为使汉字的印刷宋体字形达到规范统一，使更大字量的汉字字形整理有章可循，方便汉字的教学和信息处理，更好地服务于汉字的国家标准化和国际标准化，有必要对现有汉字字形进行规范整理。

当前汉字规范的理想目标，就是要对以往多个分散的规范进行优化整合，集多个规范于一身，从而使汉字规范标准更统一，更方便大家使用。其中需要整合的内容就包括《印刷通用汉字字形表》和《现代汉语通用字表》。任何规范都不是一劳永逸的，而是要与时俱进、适时调整的。通过发布实施《通用规范汉字表》的机会，对以往汉字规范的疏漏进行弥补，是符合实事求是的科学精神的。

但鉴于字形调整目前尚未得到社会的普遍认同，而且对印刷宋体字的字形规范，也不应该只着眼于宋体字自身，还应该考虑到与之相关的几个关系的协调问题，如各种主用字体之间的协调、简化字与繁体字之间的协调、已定规范汉字与大字符集之间的协调等。如此复杂的问题，不可能让《通用规范汉字表》毕其功于一役，而应做出更长远更全面的规划，单独设立汉字字形规范的研究课题，针对目前电脑普遍应用的超大字符集中的汉字，进行全面的清理研究和彻底的标准化处理。

6. 编排形式

6.1 总体结构

字表包括正表和 2 个附表。正表为《通用规范汉字表》，附表 1 为《规范字与繁体字、异体字对照表》，附表 2 为《〈通用规范汉字表〉笔画检字表》。

6.2 总表及笔画索引

《通用规范汉字表》总表按三级分别排列，每级依据《GB13000.1 字符集汉字字序（笔画序）规范》的定序规则排序。附表 2——《〈通用规范汉字表〉笔画检字表》同样依据《GB13000.1 字符集汉字字序（笔画序）规范》的定序规则排序。

6.3《规范字与繁体字、异体字对照表》

附表 1——《规范字与繁体字、异体字对照表》分别列出了 3120 个规范字相应的繁体字、异体字。规范字的序号与《通用规范汉字表》的序号一致。

6.3.1 简繁对应

附表1中繁体字用圆括号括注，凡一个正字对应多个繁体字，繁体字按笔画升序排列。其中繁体字栏的“～”代表“一简对多繁”对应关系中与规范字相同的字形。

有8个规范字(1—8)，同时又出现在附表1的繁体字栏中；有2个字(9—10)在繁体字栏中出现两次。具体原因如下：

(1)收入一级字表中的“瞭”读 liào 时不简化作“了”，如“瞭望”“瞭哨”。与“了(读 liǎo)”的繁体字形体相同。

(2)收入一级字表中的“乾”读 qián 时不简化作“干”，如“乾坤”“乾隆”。与“干(读 gān)”的繁体字形体相同。

(3)收入一级字表中的“藉”读 jí 或用于慰藉、衬垫义时不简化作“借”，如“狼藉(jí)”“枕藉(jiè)”。与“借(读 jiè)”的繁体字形体相同。

(4)收入二级字表中的“剋”表示训斥、打人时读 kēi，不简化作“克”。与“克(读 kè)”的繁体字形体相同。

(5)收入二级字表中的“麽”读 mó 时不简化作“么”，如“幺麽小丑”。与“么(读 me)”的繁体字形体相同。

(6)收入二级字表中的“徵”用于表示“宫商角徵羽”五音之一时读 zhǐ，不简化作“征”。与“征(读 zhēng)”的繁体字形体相同。

(7)收入三级字表中的“苧”为有机化合物名称，读 níng。与“苎(读 zhù)”的繁体字形体相同。

(8)收入三级字表中的“夥”作“多”解时不简化作“伙”，读 huǒ。与“伙(读 huǒ)”的繁体字形体相同。

(9)收入三级字表中的“蘋”用于植物名，读 pín。其繁体字“蘋”与“苹(读 píng)”的繁体字“蘋”形体相同。

（10）收入三级字表中的“噁”为化学名词用字，读 è，如“二噁英”等。其繁体字“噁”与“恶心”的“恶（读 ě）”的繁体字“噁”形体相同。

6.3.2 正异对应

附表 1 中的异体字用方括号括注。凡一个正字对应多个异体字，异体字按笔画升序排列。

异体字栏包括严格异体字和非严格异体字。将《一异表》中的非严格异体字放入异体字栏的原因如下：

汉字过于繁难，不仅有些字笔画过多，而且应用领域字数过多、冗余重复量过大。《一异表》就是为了减少应用领域的冗余字量采取的一项措施。但是由于当时种种条件的限制，特别是“异体字”的科学概念尚未确立，产生了一些内在的矛盾，这些矛盾在理论研究领域和应用领域都已经被发现、被提出过。但是，《一异表》在半个世纪内都被视为汉字规范的有效文件，它所起到的减少冗余字量的作用也是不可忽视的，如果贸然取消，使用者会认为那些已经被取消的所谓“异体字”又可以用了，应用领域会因此产生新的混乱。《通用规范汉字表》在对这些字分成各种情况加以处理，仍然将其中的大部分放入附表 1 中的异体字栏，表示这些字完全可以被正字替代，在书写现代汉语文本时无需使用。这样做维护了这个整理表已经起到的积极作用，尽量减少它由于内部矛盾给应用领域带来的不便。

6.4 字表注释

6.4.1 注释原则

字表正表和附表1《规范字与繁体字、异体字对照表》共有60个注释。注释的原则是：

（1）注释范围的确定遵从精简的原则，只对那些意义或用法上特别容易发生误解的字作注。

（2）注释依据不同情况分别置于正表和附表1《规范字与繁体字、异体字对照表》之后：只是针对规范字本身用法的说解，不涉及简繁、正异对应关系的注释，置于正表的相应各级之后，其注号标注在该规范字的右上角；涉及简繁、正异关系的注释置于附表之后，其注号标注在相应的繁体字或异体字右上角。

（3）附表的注释角度均以繁体字或异体字为出发点，旨在说明这些繁体字在《简化字总表》中的特殊规定，以及这些异体字在特殊意义和用法上可作规范字使用。

（4）调整为规范字的异体字，只注释此次字表新调整的，以往规范所调整的字不再作注；在特定用法上调整为规范字的异体字，无论是此次字表新调整的，还是以往规范调整的，均予作注。

6.4.2 注释类型

字表正表和附表1《规范字与繁体字、异体字对照表》注释主要有以下几种类型：

（1）某些规范字，其本身用法需要强调说明。如：

零：与表数目的汉字"一二三四五六七八九"连用时可用"〇"

替代。

(2)某些字原来是异体字,现调整为规范字。此类注释的格式是“义为……。不再作为‘……’的异体字”。如:

晳:义为人的皮肤白。不再作为“晰”的异体字。

(3)某些字原来是异体字,现在特定义项和用法上作为规范字使用。此类注释的格式是“可用于……”或“用于……。其他意义用‘……’”。如:

甯:可用于姓氏人名。

脩:用于表示干肉,如“束脩”。其他意义用“修”。

其中“可用于……”表示允许在“宁”和“甯”中选用;“用于……”表示不允许在“修”和“脩”中选用。下同。

(4)某些字原来是异体字,现在特定义项和用法上可作为规范字使用,但须类推简化。此类注释的格式是“可用于……,但须类推简化作‘……’(参见本表序号……)”,或“用于……,但须类推简化作‘……’(参见本表序号……)。其他意义用‘……’”。如:

鉅:可用于姓氏人名、地名,但须类推简化作“钜”(参见本表序号6845)。

讎:用于“校讎”“讎定”“仇讎”等,但须类推简化作“雠”(参见本表序号6351)。其他意义用“仇”。

(5)某些字原来是异体字,现只在某一音项上才可作为规范字使用。此类注释的格式是“可用于……,读……。读……时用‘……’”或“用于……,读……。读……时用‘……’”。如:

袷:用于“袷袢”,读 qiā。读 jiá 时用“夹”。

耑:可用于姓氏人名,读 duān。读 zhuān 时用“专”。

(6)繁体字在某些音项或义项上有特殊规定的,依照《简化字总表》予以注释。如：

瞭：读 liào 时不简化作“了”，如“瞭望”“瞭哨”。

夥：作“多”解时不简化作“伙”。

7. 字表效力

7.1《通用规范汉字表》发布后的效力

字表发布后，社会一般应用领域的汉字使用应以《通用规范汉字表》为准，原有相关字表(《第一批异体字整理表》、《现代汉语常用字表》、《现代汉语通用字表》、《简化字总表》)停止使用。

《通用规范汉字表》是汉字其他有关规范的基础，此前已经发布的其他有关汉字的规范，均需复查，其中涉及的规范汉字(包括字集、字量、字形)，应尽快与《通用规范汉字表》取得一致。

7.2《通用规范汉字表》使用的建议

《通用规范汉字表》是贯彻《国家通用语言文字法》的配套规范，是关系国家教育文化事业和信息化发展的基础性规范，涉及面广，社会影响大。发布后社会各领域应采取有效措施，积极贯彻执行。有关部门可根据实际情况制定实施细则，具体建议如下：

(1)表内规范字的使用范围、管理与监督，一律遵照《中华人民共和国国家通用语言文字法》执行。

(2)计算机汉字字库需按《通用规范汉字表》创建和更新，更新的时间由工业和信息化部与国家语言文字工作委员会共同商定。

（3）基础教育的各门课程教材均应使用规范字，义务教育语文课程的识字量，应以一级字表为准。在3500常用字范围内如何再进行新的划分，基础教育部门均可按照汉字教育的规律，自行制定补充的字表。

（4）姓氏人名、地名用字问题，应当分别处理：乡镇以上地名用字一般应遵循规范，《通用规范汉字表》未收之字可以使用表外字，并可报请国家语委在适当时候补入字表。经公安部确认为传承姓氏的用字，如未收入字表，可以报请国家语委在适当时候补入字表。人名用字问题由公安部制定相关政策处理。

《通用规范汉字表》不是封闭的系统，可根据语言生活的发展变化和实际需要，在适当时候进行必要的调整。

图书在版编目(CIP)数据

《通用规范汉字表》解读/王宁主编.—北京:商务印书馆,2013(2024.11重印)

ISBN 978-7-100-10093-9

Ⅰ.①通… Ⅱ.①王… Ⅲ.①汉字—正字表 Ⅳ.①H124.1

中国版本图书馆CIP数据核字(2013)第137811号

TŌNGYÒNG GUĪFÀN HÀNZÌBIĂO JIĚDÚ

《通用规范汉字表》解读

王宁 主编

商 务 印 书 馆 出 版
(北京王府井大街36号 邮政编码100710)
商 务 印 书 馆 发 行
北京捷迅佳彩印刷有限公司印刷
ISBN 978-7-100-10093-9

2013年7月第1版 开本880×1230 1/32
2024年11月北京第10次印刷 印张2½

定价:28.00元